웰에이징, 행복하게 나이드는 기술

한국인을 위한
웰에이징 가이드

웰에이징,
행복하게
나이드는
기술

건양대학교 웰다잉 융합연구소 지음

구름서재

언제부터인가 대한민국에서는 '웰에이징(well-aging)'이라는 단어나 가치가 확산되고 있다. 이제 웰에이징은 국내에만 적용되는 이야기가 아니라 대부분의 나라에서 통용되는 이슈가 되어 간다. 단어의 의미에 충실하자면 잘 늙어감 또는 멋지게 나이 듦 정도로 해석될 수 있는 웰에이징에 사람들이 주목하는 이유는 무엇일까? 여러 분석이 가능하겠지만 가장 직접적인 원인 중 하나는 우리 사회가 늙어가고 있기 때문일 것이다. 사회를 구성하는 구성원 중 다수가 노년기까지 생존하게 되었다. 과거에는 깊이 생각하거나 고민할 필요가 없었던 노화 혹은 나이 듦이 진지한 삶의 문제로 나타난 것이다. 어떻게 하면 인간으로서 품위를 유지하면서 잘 늙어갈 수 있을까? 어떻게 하면 인간의 존엄성을 상실하지 않고 훌륭하게 나이들 수 있을까? 이와 같은 물음에 대한 대답을 찾는 과정에서 웰에이징이라는 개념이 탄생하게 되었다.

웰에이징 관련 연구 현황을 살펴보면 다음과 같다. 우선 2022년 1월 1일 기준으로 한국학술지인용색인(KCI)을 활용하여 논문을 검색한 결과 '웰에이징' 관련 연구는 등재 논문만 23건이 확인된다. 주제에 따라서 분류하면 인문학 논문 7건, 사회과학 논문 4건, 공학 논문 4건, 의약학 논문 2건, 예술체육 논문 2건, 복합학 논문 5건 등이다. 요약하자면 국내 웰에이징 연구는 2010년대에 들어서면서 다양한 주제로 이루어져 왔으며 시기적으로는 최근 폭발적으로 증가하는 양상을 보여준다.

한편으로 국외에서는 웰에이징이라는 표현보다는 '에이징 웰(aging well)' 또는 '성공적 노화(successful aging)'라는 용어와 개념이 보편적으로 받아들여 왔다. 에이징 웰이나 성공적 노화 등은 인간 노화의 부정적 측면이 아닌 긍정적 측면에 집중하려는 의도로 이해할 수 있다. 1980년대와 1990년대에 서구를 중심으로 활발하게 전개된 성공적 노화나 에이징 웰 관련 연구는 2000년대 이후 번역서로 국내에 소개되기 시작하였고 2010년대 이후 관련 논문이 쏟아져나왔다. 그런 까닭에 최근 우리나라에서 급부상하고 있는 이슈로서의 웰에이징의 전사(前史)에는 성공적 노화와 에이징 웰이 있다는 판단이 가능하다.

2020년대 대한민국에서 유행하고 있는 웰에이징에는 이전 시대에 다른 나라에서 출현한 '에이징 웰'이나 '성공적 노화'의 단점이나 약점을 극복할 수 있는 방안이 나타나 있다. 그럼에도 지금의 웰에이징 연구에서 아쉬움과 문제점이 있다. 2010년대 이후 축적되고 있는 국내 웰에이징 연구가 다양한 영역에서 추진되고 있다는 점은 고무적이지만 그러한 연구들을 통합할 수 있는 종합적 연구가 거의 없기 때문이다. 또 하나는 육체적 건강만 강조하거나 반대로 웰에이징의 정신적 측면만 강조하는 연구가 대부분이라는 점이다. 바로 이런 전후 상황에서 몸과 마음의 건강을 모두 중시하고 삶의 자세는 물론 사회경제적인 태도까지 아우르는 한국인을 위한 웰에이징 저서를 집필하게 되었다. 이 책은 3부 12개 영역으로 구성되어 있는데 대략적인 내용은 다음과 같다.

1부에서는 웰에이징의 개념과 더불어 웰에이징을 위한 신체적,

정신적, 경제적 조건들에 대해 이야기한다.

1장 〈늙어감과 죽음을 경험하는 시간〉에서는 한국 사회를 고령 사회, 더 나아가서 초고령 사회로 진단한다. 이는 우리나라에서 노년기에 이르는 사람이 점점 증가함을 의미한다. 노년기에 들어선 사람들은 삶과 더불어 동시에 죽음을 배워야 한다. 죽음은 노년기에 해당하는 특정 개인의 문제를 넘어서기 때문이다. 2장 〈스스로 투자하고 소비하는 삶〉에서는 '노년기를 슬기롭게 보내기 위한 필수적인 요건은 무엇인가?'라는 질문을 던진다. 하나의 대답만 존재하는 것은 아니지만 모두 동의할 수 있는 답안 중 하나는 경제적인 영역이 포함되지 않으면 안 된다는 것이다. 저자는 '은퇴 이후의 노년기를 맞은 개인이 경제적 소외(疏外)나 유리(遊離) 현상으로부터 자신을 지키기 위해서는 무엇이 필요할까?'라는 질문에 대해 가장 효과적인 방법은 투자라고 답한다. 3장 〈인간관계 또는 사회화를 키우는 방법〉에서는 인간을 규정하는 기본적 속성 중 하나인 '사회적 동물'이란 말을 빌려, 사람은 홀로가 아니라 다른 사람과 끊임없이 관계를 맺으며 존재할 수밖에 없다고 말한다. 4장 〈가족의 차이와 의사소통의 변화〉는 일반적으로 부부를 중심으로 생겨난 자녀를 포함한 가족을 다룬다. 가족과 관련하여 생성된 개념 중 하나가 '가족 생활주기'이다. 가족이 거치게 되는 일련의 연속된 단계로서의 변화와 생활주기는 결혼 전기, 결혼 적응기, 자녀 아동기, 자녀 청소년기, 자녀 독립기, 노년기 등 6단계로 구분하여 이해할 수 있다.

제2부에서는 웰에이징을 위해 가장 중요한 요소인 몸과 마음의 건강을 구체적으로 다룬다.

1장 〈잘 먹고 잘 움직이며 잘 자야 하는 이유〉에서는 동서고금을 막론하고 인간이 행복한 삶을 영위하기 위한 필수 요건인 건강에 대해 이야기한다. 우리가 전 생애 동안 건강을 향상시키거나 유지할 수 있는 가장 단순하고도 효과적인 방법은 무엇일까? 아마 잘 먹고 잘 움직이며 잘 자는 사람이 건강한 경우가 많을 것이다. 2장 〈생활 속 웰에이징〉에서는 중년기 이후 많은 사람들의 건강을 위협하는 만성질환을 다루고 있다. 비감염성 질환으로서 심장질환, 뇌혈관질환, 당뇨병, 만성호흡기질환, 암 등이 대표적인 사례에 해당한다. 만성질환을 치료하거나 개선하기 위한 효과적인 방법으로는 신체활동과 운동이 있다. 또한 노년기뿐 아니라 모든 이의 삶에 있어서 안전은 포기할 수 없는 가치임을 강조한다. 나와 가족을 위해서, 사랑하는 누군가를 위해서 안전한 환경은 매우 중요한 요건일 것이다. 3

장 〈입안 건강을 지키는 방법〉에서는 입안 건강의 중요성을 다루고 있다. 입안 건강의 문제는 신체적 어려움뿐만 아니라 모든 사람에게 정신적, 사회적으로 부정적 영향을 미치므로 질환이 발생하기 전에 예방적 관리를 통해 건강을 유지해야 한다. 질병, 장애와 같은 건강 불균형은 웰에이징에 부정적 영향을 미치며 나이가 들수록 입안 건강은 삶의 질을 평가하는 중요 요인으로 작용하기 때문이다. 4장 〈감염병 시대에 살아남기〉에서는 코로나19와 같은 팬데믹의 위험이 여전히 진행 중임을 강조한다. 코로나19 사태로 바이러스와 세균에 대한 경각심이 높아지며 일상에서의 감염관리 필요성은 국가적 화두가 되고 있다.

5장 〈예술로 마음을 다스리는 방법〉에서는 사람들이 예술을 활용하여 몸과 마음을 다스리고 치유한다면 웰에이징으로서의 삶에 한 걸음 더 다가설 수 있음을 강조한다. 음악은 우리의 몸과 마음을 치유하는 기능이 있다. 음악을 활용함으로써 우리는 스트레스 해소, 타인과의 의사소통 능력 증진, 율동을 통한 인지적, 심리적, 신체적 능력 향상 등을 기대할 수 있다. 미술 또한 치료 또는 치유의 효과가 있다. 인간은 자신의 욕망과 의식, 고통스러운 경험 등을 시각화하여 그림으로 나타내는 과정을 통해 자신의 상처를 치유 받는다.

6장 〈여가활동과 봉사활동〉에서는 생애주기에 따라 참여할 수 있는 봉사활동의 유형을 제시함으로써 타인에 봉사하고 헌신하는 자세가 웰에이징에 어떤 순기능의 작용을 하는가를 밝힌다.

　제3부에서는 한 사람의 생애주기에서 가족의 역할을 밝히고 이를 통해 이상적인 웰에이징의 삶을 구현할 수 있음을 보여준다. 1장 〈부모와 자식이 서로를 위하는 시간〉에서는 효의식, 효행, 효 정신 등 한국 사회의 전통적인 효(孝) 정신이 삶 속에 파고들어 어떻게 작용하고 있는지 보여준다. 어버이를 섬기는 효와 웰에이징은 어떻게 연결될까? 지은이는 자녀가 어버이를 잘 섬기면 어버이는 건강하고 행복하게 늙을 것이고, 이것은 바로 웰에이징과 상통한다고 말한다. 2장 〈죽음도 문화가 되는 시대〉에서는 죽음이 인간이 거치는 마지막 관문이고 태어남이 시작이라면 죽음은 끝이라는 사실을 다시 한번 강조한다. 생애주기의 관점에서 이해할 때 죽음이나 장례 혹은 웰다잉을 향한 관심은 더 이상 65세 이상 노년기 사람들에게만 국한되지 않는다. 바야흐로 웰다잉과 연결된 한국형 웰에이징을 위한 새로운 시대가 펼쳐지고 있음을 알게 될 것이다.

이 책은 우리사회에서 웰에이징의 가치가 확산되기를 바라고 행복한 삶을 살기 위해서 필요한 것이 무엇인지 고민하는 과정에서 만들어졌다. 글을 쓰면서 저자 모두가 깨달은 것은 성공적인 노화를 위해서는 지식과 이론보다는 실천이 더 중요하다는 사실이었다. 독자 여러분에게도 이 책이 웰에이징을 위한 지침서 나아가 건강한 삶을 실천하기 위한 시작이 되기를 바라 마지않는다.

저자 일동

1부

웰에이징의 삶이란
무엇인가?

1장

늙어감과 죽음을
경험하는 시간

오늘날 한국은 초고령화 사회가 되었고, 국민 다수가 노년기의 인생을 보내게 되었다. 과거에는 깊이 고민할 필요 없었던 노년기의 삶이 이제는 진지한 삶의 문제로 대두되었다. 이제 각자 자신이 인간으로서 품위를 유지하면서 건강한 노년의 삶을 보낼 수 있도록 준비하는 노력이 필요하다. 이러한 상황에서 노년기의 삶과 죽음을 미리 준비하고 배워야 할 필요가 있다.

1

현대사회의
노년기와 웰에이징

1) 노년기의 삶과 죽음을 배워야 하는 이유

　행복한 삶은 젊을 때의 행복한 삶에서 행복한 노년기와 편안한 죽음으로 이어져야 한다. 따라서 행복한 인생을 위해서는 행복한 노년기와 편안한 죽음을 준비하는 지혜가 필요하다. 그러나 오늘날 많은 사람들이 늙음과 죽음을 의식적으로 회피하다가 원치 않는 노년기를 보내고 죽음을 맞이한다. 이런 이유로 노인들은 가족 간에 사랑을 나누지 못하고, 노년기에 불행한 처지에 놓일 수 있다. 행복한 인생, 행복한 노년기를 보내기 위해서는 자신은 물론 가족의 죽음을 미리 예상하고 대비하는 태도가 필요하다. 이러한 지혜를 얻기 위해서는 다음 두 가지를 생각하고 사회적으로 공감하는 분위기를 만들어야 한다.

첫째, 늙어감과 죽음을 중요한 삶의 문제로 다루어야 한다. 늙어 감과 죽음에 대해 의견을 나누고, 누구든 늙어가고 언젠가는 죽는다는 사실을 재삼 인식하여야 한다. 노년기에는 물론 젊었을 때에도 그러한 기회를 가지도록 사회적 여건을 마련해야 한다. 늙어감과 죽음에 대해 인식하고 소통해야 하는 이유는 늙음과 죽음을 통해 삶을 볼 수 있기 때문이다. 자신이 늙어가고 죽을 거라는 사실을 담담하게 받아들일 준비가 되어 있을 때 인생의 우선순위가 바뀌고 무의미한 일상의 챗바퀴에서 벗어날 수 있게 된다. 또한 이런 태도는 인생의 기로에서 중요한 선택을 하는 순간에 도움이 된다. 우리가 죽음을 의식할 때 인생은 더욱 진실해지고 절실해진다. 이를 통해 우리는 주위의 사람들과 더불어 사랑과 용서를 나누고 관계의 소중함을 느낄 수 있다.

과학기술과 산업의 발전으로 우리는 풍요로운 생활을 할 수 있게 되었다. 풍요를 누리는 대신 현대인들은 대량 생산과 소비를 부추기는 욕망의 홍수 속에서 바쁘게 살아갈 수밖에 없다. 사람들은 이런 현대사회를 멋진 신세계로 인식하고, 남들보다 멋지게 살 수 있기를 욕망하며, 풍요로운 소비와 감각적인 욕망과 여유로운 시간을 즐길 수 있는 삶에 열정을 쏟아붓는다. 그러나 그에 앞서 우리는 "인간다운 삶은 무엇인가?", "현대사회는 우리에게 정말로 인간다운 삶을 실현해 주는가?"라는 문제를 깊이 성찰해야 하며, 이를 통해 더욱 의미 있는 삶을 살 수 있다.

　바쁜 현대인들은 존재와 죽음의 문제를 배제한 채 살아간다. 죽음에 대해 이미 잘 알고 있거나, 영원히 알 수 없거나 또는 살아가는 데 아무 도움이 되지 않는 문제라 생각하기도 한다.

　예로부터 종교인들과 철학자들은 자신의 죽음을 비판적으로 검토하고, 죽음을 인생의 중요한 화두로 삼으며 지혜로운 삶을 영위하려고 노력했다. 그래서 죽음을 삶과 직결된 문제로, 현재의 삶을 죽음 이후의 영원한 삶을 준비하는 과정으로 인식하기도 했다. 그러나 오늘날 대부분의 현대인들은 종교적 삶에서 멀어진 채 살아간다. 따라서 자기 죽음을 진지하게 대면하는 기회도 적어졌고 죽음 이후보다는 현실의 삶 자체를 중요하게 생각하며 살아간다. 이렇게 현대를 사는 우리는 현세의 삶 속에 매몰된 채 살기 십상이다.

　죽음에 대한 의식이 변하면서 현대인은 삶과 죽음을 별개의 사건으로 구분한다. 과거에는 젊음과 늙음, 삶과 죽음이 일상의 한 공간에 존재했다. 그러나 오늘날 삶과 죽음은 완전히 분리되고 사람들은 일상 속에서 죽음과 점점 멀어지고 있다. 그 결과 늙고 병들고 죽음에 이르는 과정을 회피하려 하고 어떻게든 젊음을 연장하려고 애쓴다.

　현대인들은 괴로운 것, 싫은 것을 분리하여 일상에서 추방하거나 제거하려 한다. 그래서 병, 노환, 치매, 죽음처럼 감내하기 싫은 것들을 일상에서 분리하여 제외하거나 망각하려 하고 젊음, 건강, 풍요처럼 좋은 것만을 곁에 두려 한다.

노년과 죽음이 삶과 자연스럽게 공존하던 30년 전만 해도 노인들은 자신의 묏자리를 직접 고르고 수의를 지어 집에 두고 살았다. 그리고 집에서 가족들에 둘러싸여 임종을 맞았다. 할아버지, 할머니는 자식과 손주들이 지켜보는 가운데 죽음을 맞았고 임종 과정을 가족들이 보살폈다. 죽음은 이렇게 일상 속에 섞여 있었고, 집 밖에서 죽는 것을 '객사'라고 하여 좋지 않은 죽음이라 여겼다. 하지만 요즈음은 집에서 병을 앓던 사람도 병원으로 실려 가 죽음을 맞는다. 가족들에 둘러싸여 죽음을 맞던 옛날과 달리 중환자실에서 생명유지 장치를 단 채 가족과 떨어진 채 쓸쓸히 임종을 맞는다. 장례식 또한 상조회사의 주관 아래 장례식장에서 치른다. 이렇게 죽음을 맞는 당사자와 가족은 오히려 임종에서 배제된다. 명절이나 기일(忌日)에 제사를 지내고 산소에 다녀오는 것이 풍습이었으나, 오늘날엔 이러한 풍습이 간소화되면서 죽음의 의미를 공유하려는 노력이 적어졌다.

둘째, 사회가 죽음을 경건하게 다루어야 한다. 오늘날 사회적으로 죽음을 다루는 태도는 세속화하고 있다. 과거에는 산 자(生者)가 노인(老人)과 죽은 자(死者)를 공경했으며, 죽음과 죽은 자를 대하는 격식도 엄격했다. 그러나 현대사회에서 죽음은 망자가 아닌 산 자 중심의 사건이 되었으며, 죽음을 대하는 방식에서 죽은 자에 대한 예의보다는 산 자들의 편의가 우선이 되었다. 합리성, 효율성, 경제성의 가치가 우선시되는 사회에서 죽음도 망자에 대한 존중보다 효율성이나 경제성 측면에서 다루어지는 것이다.

상장례가 간소화되고 부모의 죽음을 받아들이는 시간이 짧아진 것도 현대인이 죽음과 분리된 한 요인이다. 죽음을 수용하는 절차인 죽음의례가 단순해지고 간소화되면서 산 사람에 대한 관심과 인간적 교류 또한 줄어들고 있다.

오늘날 죽은 자의 시간과 공간은 회피의 대상이 되었다. 늙음과 죽음을 삶에서 분리하고 의미를 약화시키면서 순간적이고 즉흥적인 즐거움을 추구하는 일상이 삶 속에 만연해 있다. 삶을 보다 가치 있고 풍요롭게 살려면, 개인의 삶을 존중하는 사회와 국가를 만들려면, 늙음과 죽음에 대해 진솔한 이야기를 나누고 차분히 대비하는 태도가 필요하다.

의료기술이 발달하여 많은 질병들이 치료 가능해지면서 "죽음은 병을 제대로 치료하지 않는 것"이라 여기는 사회 분위기가 팽배해졌으며, 이와 함께 환자의 죽음을 삶의 자연스러운 과정이 아닌 의료 실패로 보는 경향이 강해졌다.

첨단의료의 발달로 수명이 급격히 늘어나고 죽음을 맞이하는 과정도 달라졌지만, 생명이라는 관점에서 본다면 죽음에 다가가는 노년기가 길어지고 있을 뿐이다. 더구나 고령화는 오늘날 우리가 더욱 죽음을 진지하게 되돌아보아야 하는 이유가 된다. 고령화는 오랜 시간에 걸쳐 신체가 쇠약해지는 과정이고, 이에 따라 사람들은 더 오랫동안 죽음의 두려움 속에서 살아갈 가능성이 커졌기 때문이다.

현대인들은 삶과 죽음을 별개의 사건으로 본다. 그래서 되도록 늙음과 죽음을 피하고 젊음과 생명을 연장하려 한다. 죽음을 생각하지 않는 사람은 무엇이 잘 사는 삶인지 생각하지 못하고, 성공하여 돈을 많이 벌고 많이 소비하는 삶에만 관심을 가진다. 이렇게 죽음에 대한 사유가 줄어들면서 삶에 대한 가치 기준은 획일화되고 삶의 내용은 빈곤해졌다.

의료기술이 발전하여 노년기가 길어지면서 병원에서도 바람직하지 않은 상황들이 발생하고 있다. 인생 중 말기 환자로 사는 기간이 길어지면서 당사자나 가족 모두가 원치 않는 죽음의 과정을 겪게 되는 것이다.

다행히 최근 한국 사회가 빠르게 고령화되면서 죽음에 대한 관심도 높아지고 있다. 유서를 쓰고 관 속에 누워 보는 임사체험도 늘고 있다. 임사체험은 삶을 변화시키는 강력한 계기가 될 수 있는 체험이다. 자신의 죽음을 절실하게 느끼는 순간 삶에 대한 인식은 더욱 강렬해지기 때문이다.

과거에는 성(性)에 대해 대놓고 이야기하기를 꺼리고 죽음에 대해서는 제도화된 논의가 이루어졌지만 오늘날은 정반대의 상황이 되었다. 성교육이 학교 제도교육으로 들어오는 대신 죽음은 일상과 학교교육에서 추방되었다. 일상이나 학교에서 죽음을 만나보지 못한 아이들은 가족이나 애완동물이 죽었을 때 큰 충격을 받기도 한다.

노인뿐만 아니라 아이들도 죽음교육을 받도록 하여 삶과 죽음을 자연스럽게 이해하고 받아들일 수 있도록 해야 한다. 죽음에 대한 건전한 인식으로 죽음의 두려움을 이겨내고 삶과 생명의 소중함을 깨달아야 하는 것이다.

"어떤 죽음을 맞을 것인가"라는 물음은 "어떤 삶을 살 것인가"와 같은 의미다. 현재의 삶을 더 가치 있게 만드는 것이 바로 웰빙(well-being)이며 웰빙은 바로 웰에이징과 웰다잉으로 연결된다. 행복하고 의미 있는 노년기를 위해 늙음과 죽음을 배우고 생각하는 기회를 가져야 하며, 다음과 같은 내용들을 생각하고 정리하는 것이 필요하다.

첫째, 죽음을 미리 생각하는 것은 남은 삶을 위해서다. 그러므로 죽음에 대해 생각하는 것은 곧 행복한 삶에 대해 생각하는 것이다. 모든 사람은 늙고 죽지만 대부분은 그런 사실을 잊은 채 살아간다. 그래서 영원히 젊게 살 것처럼 많은 것을 원하고, 원하는 것을 얻으려 애쓰며, 지금 이 순간의 행복을 훗날로 미룬 채 인생을 허비하고 사소한 것들에 매달리며 살아간다.

우리는 언제 죽어도 마음이 편안할 수 있도록 준비하고 살아야 한다. 삶을 즐기고 다가오는 죽음을 담담히 받아들일 수 있어야 한다. 그러한 지혜와 용기는 쉽지 않으며 대단한 인생의 경지라 할 수 있다. 늙음과 죽음에 대해 성찰하다 보면 죽는 날까지 세상을 사랑하고 주어진 삶에 충실하게 된다. 죽음에의 관심은 인생을 풍요롭게 하며, 인간적인 관심과 배려를 실천하게 만든다.

사람들은 누구든 잘 살고 행복하기를 바란다. 잘 살려면 나는 누구인가, 어떻게 살 것인가 등 삶의 근원적인 문제들을 생각하고 주체적으로 삶의 방식을 선택할 수 있어야 한다. 그래야만 성숙하게 늙어가고 죽음 앞에서도 위엄을 유지할 수 있다.

의학의 발달로 젊음을 오래 유지할 수 있게 된 현대인은 노화와 죽음에 관한 담론을 외면하려고 애쓴다. 이렇게 살다가 병이나 노화로 죽음에 직면하게 되면 남은 삶을 가치 있게 마무리하지 못한다. 죽음은 누구에게나 찾아온다. 죽음은 인생의 가장 큰 사건이며 누구도 죽음을 피할 수는 없다. 늙음과 죽음은 삶의 반대가 아니라 삶에서 필연적으로 거쳐야 할 하나의 단계이다.

늙음과 죽음에 슬기롭게 대처하면서 자기 삶을 더 가치 있게 만드는 태도가 필요하다. '질 높은 노년기'와 '질 높은 죽음'은 자기 상황을 적절히 판단하고 통제할 수 있을 때에 시간을 두고 준비해야 한다. 어떻게 죽고 싶은가는 어떻게 살고 싶은가와 같은 물음이다.

늙음과 죽음을 이해하고 담담하게 받아들이는 것이야말로 자기 삶을 소중히 여기는 태도이다. 죽음은 '죽는 과정', '죽음', 그리고 '주검 처리' 등 세 가지 내용으로 정리할 수 있다. 죽음에 대한 불안은 자신과 타인의 죽음에 대한 두려움과 불안으로 구분하여 생각할 수 있다. 사람이 죽을 때 어떤 일을 겪는지, 삶의 경계를 벗어난 뒤 인간의 의식은 어떻게 되는지 알 수 있다면, 죽음에 대한 혐오나 두려움을 많이 해소할 수 있을 것이다. 자신의 죽음을 준비하는 것은 나와 연결된 사람들과 영원히 함께 살기 위함이며 남은 이들을 배려하고 사랑하는 행위이다.

둘째, 늙음과 죽음의 두려움과 슬픔을 극복하고 대처하기 위해서는 이를 바르게 인식하고 적절하게 대비하여야 한다. 현재의 삶에 충실하고 자신과 친지의 죽음을 담담히 받아들이는 태도는 남은 인생을 더욱 값지게 만들며 가족과 더불어 공감과 배려의 시간을 갖게 한다. 또한 이런 태도는 살아오면서 주고받은 사랑과 상처를 감사와 용서의 마음으로 바꿔 남은 시간을 충만하게 만들어준다.

우리는 인생의 매 시기마다 삶의 가치와 죽음을 마주하고 이해하는 기회를 가져야 한다. 의료기술이 발달하면서 죽음의 문제는 더욱 복잡해졌다. 죽음의 과정을 이해하고 인생의 마무리나 안락사와 존엄사, 장례 절차, 웰다잉 등 죽음을 품위 있게 받아들이는 태도나 방법 등에 대해서도 잘 알고 있어야 한다.

2) 사회문제로서의 고령화와 죽음

노년기와 죽음에 대해 생각할 기회를 가져야 하는 이유는 무엇보다 사는 동안 자기 삶과 주변 사람들에 대한 애정과 책임을 높일 수 있기 때문이다. 또한 언젠가 닥칠 자신이나 가족의 죽음이 가져올 충격을 완화하고 죽음에 대한 사회적 인식을 변화시키고 사회복지 측면에서의 공감대 확산을 가져올 수 있다. 자신과 가족에게 언젠가 반드시 찾아올 죽음에 대해 미리 생각하고 준비하는 마음가짐이 필요하다. 죽음을 배우고, 관심을 가지고, 사회적 공감대를 만들어야 하는 이유는 개인적으로는 알찬 인생을 위한 지혜의 문을 열기 위함이고, 사회적으로는 구성원 모두의 인격이 존중되는 사회를 만들기 위함이다.

현대사회에서는 죽음, 죽은 자, 죽은 자의 공간 모두 거부의 대상이다. 그리고 죽음은 점점 세속화된다. 과거에 생자(生者)는 노인과 사자(死者)를 공경했다. 그러나 현대사회에는 노인과 망자를 분리하고 타자화한다. 타자화(他者化)란 다른 사람을 대상화 혹은 물화하는 것으로, 나와 분리하고 나와 동일한 인격체로 여기지 않는 태도이다. 이러한 상황에서 죽음에 대한 인식과 대처는 효율과 경제를 중시하는 자본의 논리에 종속되어 간다.

현대사회에서 발전은 합리성, 효율성, 경제성을 추구하는 데에서 오며, 인간의 죽음 또한 그러한 관점에서 다루어진다. 주검에 대한 처리에서도 망자에 대한 존중보다 합리성, 효율성, 경제성을 따지는 경향이 커져 간다. 죽음이 천시되고 배제되는 가운데 생의 의미와 가치도 함께 경시되는 사회 풍조가 만연해 있다.

죽음은 더 이상 개인의 문제가 아니다. 많은 죽음이 사회적 문제로부터 발생한다. 우리나라에는 생활고, 학교 성적, 집단 괴롭힘, 병고 등 사회적 죽음이 많이 발생한다. 이런 문제는 국가와 사회가 나서서 해결해야 한다. 이런 사회적 의식에 많은 사람들이 공감하고 실천 의지가 높을수록 건강한 사회가 될 것이다.

사회적, 경제적 문제들이 원인이 되는 사회적 죽음이 증가하는 추세다. 생활고나 사회 부조리가 초래한 죽음은 모두 사회적 죽음이라고 볼 수 있다. 사회적 무관심, 차별, 냉대 속에서 죽어가는 것 모두가 사회적 죽음이라고 볼 수 있다. 죽음은 개인적 문제이지만 이런 사회적 죽음은 사회집단이 관심을 가지고 지속적으로 대응해야 할 과제가 된다. 사회적 죽음이 많은 사회는 반문명적인 사회이며, 그 사회의 구성원들 또한 야만적이라 말할 수 있다. 무관심과 야만을 덜어내고 상생과 화해를 추구하는 문명은 우리가 지속적으로 지향해야 할 목표이며 미래이다. 사회로부터 소외된 죽음, 억울한 죽음을 우리가 주목해야 하는 이유이다.

사회적 죽음의 특성을 정리해 보면 다음과 같다. 첫째, 사망 후 잊혀짐(망각)이 발생한다. 사회적으로 그 사람의 존재가 지워지는 것이다. 죽은 뒤 남은 사람들로부터 그에 관한 기억과 나누었던 경험이 모두 잊혀진다면 그의 죽음은 사회적 죽음이 된다. 둘째, 안전과 복지의 허술함이 부른 억울한 죽음이다. 우리 나라에서는 절대 빈곤, 만성 질병, 무관심, 방치, 사회안전망의 부재로 인한 대형 사고, 산업재해, 과로나 스트레스로 인한 죽음이나 자살이 증가하고 있다. 건전한 나라일수록 이런 죽음이 사회적 죽음으로 분류되고 국가가 개선해야 할 과제로 인식된다.

부조리하고 불건전한 사회는 이런 사회적 죽음을 '개인의 불운'으로 돌리며 외면한다. 사회적인 부조리로 발생한 사망을 개인 탓으로 돌리는 것이다. 가난, 무관심과 방치, 대형 사고, 산업 재해로 인한 죽음이 모두 사회적 죽음이지만 개인의 문제로 치부되며 사회적 고통이 자살로 이어지기도 한다.

요즈음 사회적 죽음 가운데 주목받고 있는 것이 고독사이다. 고령화 속도가 빨라지고 가족이 해체되면서 고독사가 점점 늘고 있다. 고독사란 사람과의 교류 없이 외롭게 살다가 홀로 죽음을 맞이하여 오랫동안 방치되는 죽음을 말한다. 이렇게 외로운 죽음을 맞는 주요 이유는 이혼, 질병, 사업 실패 등으로 인한 가족 해체와 빈곤 등이다. 이러한 원인들을 파악하여 고독사를 줄이는 국가적 예방 시스템이 필요하다.

고독사는 각박해지는 우리 사회의 단면을 보여주는 징표이다. 홀로 맞는 죽음은 사회 구성원들 간의 소외를 보여준다. 가족이나 이웃 모르게 혼자 죽음을 맞이하여 그대로 방치되는 일을 막는 것도 국가가 책임져야 할 책무이다.

고독사 문제 해결을 위해 무엇보다 중요한 것은 예방이다. 많은 자녀들이 경제적 이유로 부모를 부양하지 못한다. "노인 부양의 책임은 자식에게 있다"는 전통 윤리관만으로는 고독사 문제를 해결하기 어렵다. 국가와 자치단체가 '기본 인권'의 차원에서 사회보장과 사회안전망을 강화해야 한다.

급속한 고령화와 산업사회의 진행으로 가족이 해체되고 고독하게 살아가는 노인들이 많아지고 있다. 고령 인구에 대한 부양과 책임을 가정에만 맡길 것이 아니라 국가와 지역사회가 담당해야 한다. 노령자들을 위한 비상 연락망 체계를 갖추어야 하고, 도우미들이 일정한 시간에 방문하여 청소와 세탁 등 가사 일을 돕는 노인복지 시스템을 확충해 나가야 한다.

특히 '생활고'로 인한 죽음은 국가와 사회가 책임져야 할 문제이다. 우리 사회의 빈부 양극화는 빈곤한 개인의 삶을 궁지로 몰아가고 있다. 죽음을 선택할 수밖에 없는 이유가 경제적 고통인 경우가 많아졌다. 궁핍과 사회적 냉대로 인한 죽음은 자살이라기보다 사회적 타살로 볼 수 있다. 빈곤 때문에 개인이 죽음이라는 막다른 골목으로 내몰리는 사회는 개선되어야 한다.

우리나라에는 '국민기초생활보장제도', '고용보험', '산업재해보험' 등의 사회보장제도가 있지만 제도와 법의 보호에서 벗어난 복지 사각지대가 많이 존재한다. 자치단체들은 사람들이 빈곤 때문에 죽음에 이르지 않도록 다각도의 공공 지원책을 마련하고 확대해야 한다.

한국의 자살 문제는 심각한 수준에 이르렀다. 특히 노인 자살은 심각한 사회현상이다. 급격한 산업화를 지나온 한국은 어느 나라보다 극심한 경쟁 속에서 인간의 소외가 일반화되었다. 이로 인해 노인들이 삶의 의미를 상실한 채 살아가는 경우가 많으며 그에 따른 자살이 증가하고 있다.

'스스로에게 가하는 죽음'인 자살은 가장 불행한 죽음이며, 가장 나쁜 죽음이다. 자살은 자신의 삶이 무의미하고 무가치하다고 느낄 때 삶에 대한 애착을 잃고 자신의 생명에 해악을 끼치는 폭력 행위이다. 자살은 '나쁜 죽음'이며 타살과 근본적으로 다르지 않다. 고통스런 상황에서 빠져나가기 위해 타인이나 자신의 목숨을 끊는 것은 타인이나 자신을 고통 완화 수단으로 이용하는 것이기에 똑같이 나쁜 행동이다. 나의 생명과 인간성을 처분할 권리는 다른 사람은 물론 나에게도 없다. 사람을 그 자체를 목적으로 존중하지 않는다는 점에서 둘은 같기 때문이다.

고령화로 노년기가 길어지면서 많은 노인들이 병고를 겪으며 가난하고 쓸쓸하게 살다가 죽음을 맞는다. 그리고 간혹 스스로 자살을 선택하기도 한다. 산업화로 급속한 가족 해체를 겪은 우리나라는 서구 선진국처럼 가족을 대체할 사회보장이 부족한 실정이다. 노후 생활비, 병원비 등 노년과 죽음을 편안하게 받아들일 여건이 부족한 것이다.

죽음을 앞둔 구성원에게 가족들이 어떻게 대처해야 할지, 사회와 국가가 어떻게 대비하고 도움을 주어야 할지 진지하게 고민해야 한다. 국가는 고독사나 자살에 대해 무한책임을 져야 하며 개인과 국가가 함께 죽음의 문제에 대해 차분히 대비해 나가야 한다.

초고령 사회의
웰에이징 준비

웰다잉은 준비 없이 갑자기 맞이하는 죽음이 아니라, 미리 준비하고 후회 없이 맞는 '좋은 죽음'이다. 또한 그것은 웰에이징을 위한 준비이기도 하다.

우리나라에서 전통적으로 생각하는 '좋은 죽음'은 '복(福)이 있는 죽음'이다. 한국인은 오복(伍福)을 누리다 죽는 것을 '좋은 죽음'으로 여겼다. 오복이란 천수를 누리며, 부유하고, 건강하게, 덕을 베풀며(攸好德) 살다가, 가족들 곁에서 편안하게 생을 마치는(考終命) 것이라고 했다.

이런 전통적인 죽음관에서 볼 때 '부모보다 먼저 죽은 자녀가 없는 죽음', '자녀가 임종을 지키는 죽음', '자식에게 경제적 부담 주지 않는 죽음', '부모 노릇 다하고 맞는 죽음', '크게 아프지 않고 고통 없는 죽음', '천수를 다한 죽음', '준비된 죽음'을 좋은 죽음이라고 할 수 있다. 한국의 전통 사상에서는 죽음에 임하여 자식을 배려하는 마음이 강하게 나타난다. 살면서뿐만 아니라 죽음에 이르러서도 자식의 건강, 행복, 성공 등을 매우 강하게 의식하기 때문이다.

한국의 노인들은 이렇게 하늘이 준 수명을 다하고, 남은 삶 동안 죽음을 준비하여, 깨끗하고 고통 없이 죽기를 바란다. 한국 노인이 원하는 '좋은 죽음'은 개개인의 죽음준비 차원에서뿐만 아니라 노인복지 정책의 입안이나 서비스에서도 고려해야 할 요소들이다.

'죽음을 준비'하는 웰다잉은 노년기의 남은 삶을 성공적으로 영위하는 데에 도움을 준다. 그런데 '잘 사는' 웰빙(well-being)과 웰에이징(well-aging)이 없이는 웰다잉(well-dying)을 이루기 어렵다. 육체적, 정신적 건강이 조화를 이루어야만 행복한 삶은 가능하다. 행복한 나이들기와 복된 죽음은 웰에이징과 웰다잉이 추구하는 바이다. 즉 자신이 바라는 방식으로 인생을 살다가 삶을 마무리하는 것이 웰에이징과 웰다잉의 개념이다.

행복한 노년기와 편안한 죽음을 맞이하기 위한 노력이 웰에이징이다. 최근 60대에서 90대의 노인을 대상으로 노인대학, 양로원, 복지관, 경로관 등에서 죽음 공부, 유서 쓰기, 호스피스 안내, 임종 방식 묻고 답하기, '사전의료의향서' 준비, 죽음을 위한 명상, '사전장례의향서' 준비, 주변 사람들에 대한 사랑의 실천과 치유를 위한 명상 등 다양한 웰다잉 프로그램이 진행되고 있다. 또한 노년기의 심리, 가족관리, 재산관리, 건강관리 등에 관한 다양한 교육 프로그램이 시행되고 있다. 고령화가 진행될수록 국가와 사회가 더욱 다양한 웰다잉 프로그램을 진행하여 많은 노인들의 참여를 유도하고 현명하게 여생을 살 수 있도록 도와주어야 한다.

웰다잉은 나에게도 죽음이 다가오고 있음을 깨닫는 데에서 출발한다. 즉 죽음을 미리 생각하고 준비하여 남은 삶을 더 잘 보낼 수 있게 하기 위한 대비이다. 초고령화로 노년기가 길어지면서, 우리는 언제 죽음을 맞더라도 후회스럽지 않고 편안히 죽음을 맞이할 수 있도록 준비가 되어 있어야 한다. 노년기를 풍요롭게 보내고, 자신의 죽음을 준비하며, 남겨질 가족에게 유언을 전하고, 가족들이 상심하지 않도록 죽음을 준비해야 한다는 것이다.

초고령화 시대에는 노인들이 건강하고 안정된 삶을 누릴 수 있어야만 장수가 축복이 될 수 있다. 노년기에 질병으로 고통 받고 경제적으로 빈곤하다면 장수는 결코 축복일 수 없는 것이다. 따라서 개인과 함께 국가와 지방자치단체는 행복수명, 경제수명, 건강수명을 연계하여 미래를 대비해야 한다.

2장

스스로 투자하고
소비하는 삶

오늘날 은퇴 후 생존 기간이 길어짐에 따라 행복한 노년을 위해 노인들도 경제활동에 참여하여 소득을 확보하는 것이 당연시되고 있다. 죽을 때까지 인간으로서 존엄성을 지키기 위해서는 생각보다 많은 돈이 필요하다. 자신이 죽었을 때 장례를 지낼 수 있는 마지막 비용만 하더라도 적은 돈이 아니다. 이처럼 살아있는 동안과 죽었을 때 자신의 존엄을 지키기 위해 쓰일 돈을 준비해야 한다는 사실은 아무리 강조해도 지나치지 않는다. 은퇴 후를 살아가는 노인들에게 웰에이징 교육의 일환으로 경제교육이 필요한 이유이다.

노년의 슬기로운
투자와 소비

1) 은퇴 후의 경제생활

1992년에 치러진 미국 대통령 선거에서 빌 클린턴 후보가 내건 구호는 지금까지도 세계인에게 회자되고 있다. 그것은 "문제는 경제야, 바보야(It is the economy, stupid!)"라는 말이었다. 클린턴의 이 말은 자본주의 사회를 살아가는 대중에게 경제만큼 중요한 것이 없으며 정치는 경제문제를 해결하기 위한 수단이라는 것을 단적으로 보여주었다.

경제(economy)는 인간의 필요와 욕구를 충족시키기 위한 재화와 서비스 생산과 소비와 분배와 관련된 활동 및 이에 필요한 사회적 체계와 질서를 말한다. 경제학 용어로 재화(goods)는 음식이나 옷,

집, 자동차처럼 사람들의 필요와 욕구를 충족시켜주는 눈에 보이는 물건을 말한다. 서비스(service)는 의사의 진료, 호텔 숙박, 백화점에서 상품을 판매하는 일처럼 인간의 필요와 욕구를 충족시키기 위한 인간의 제반 활동을 말한다.

자본주의 사회에서 사람들은 누구나 경제활동을 하면서 산다. 이때 경제활동이란 생산, 소비, 분배 행동을 말한다. 생산이란 생활에 필요한 가치 있는 것을 만들어내거나 가치를 증대시키는 행동이다. 소비란 인간의 욕구 충족을 위해 재화나 서비스를 정당한 대가를 주고 구입하여 사용하는 행동을 말하며, 분배는 생산된 가치를 생산 활동에 참여한 정도에 따라 나누어 가지는 과정이다. 이처럼 사람들의 일상은 경제 활동, 즉 생산, 분배, 소비의 연속이라고 해도 과언이 아니다.

사람은 인간다운 생활을 영위하기 위해서 의식주와 건강의 유지는 물론 문화적 욕구 등을 기본적으로 충족시킬 수 있는 수입이 반드시 필요하다. 경제적 수입은 기본적으로 생산을 통해서 이루어진다. 생산과정에서 사람은 노동을 제공하고, 기계는 사람의 지시에 의해 상품을 만들며, 기업은 만들어진 제품을 분배하여 이익을 창출하여 노동을 제공한 사람에게 임금을 지불한다. 오늘날 사람들은 누구든지 이와 같은 경제활동의 범위 안에서 생활하고 있다. 한 개인의 생애주기(life-cycle) 관점에서 볼 때 청년기에서 장년기와 중년기를 거쳐 노년기에 도달하기 전까지 자신의 건강을 믿고 왕성하게 일함으로써 소득을 극대화시키려 한다.

그러다가 직장에서 은퇴를 하고 노년기에 도달하게 되면 어떻게 될까? 우선 신체기능의 쇠퇴로 적극적인 활동을 줄여나가야 한다. 신체기능의 쇠퇴와 함께 사회적 역할도 점점 축소된다. 사회적 역할이 줄어든다고 해서 생활하는 데 돈도 적게 들까? 개인이 처한 상황에 따라서 다르지만 누구에게나 공통적인 지출도 있다. 노화로 신체기능이 쇠퇴하게 되면 젊을 때와 비교해 많은 의료비용이 추가로 필요해진다. 한국 사람은 평균적으로 노인이 되어서 사망할 때까지 생애 의료비의 70%를 사용하는 것으로 조사되었다. 많은 의료비가 노년기에 집중되어 있음을 알 수 있다. 개인의 경제생활 측면에서 볼 때 질병을 치료하고 건강을 지키기 위해서는 고정된 소득 외의 추가 소득이 필요하다. 일본의 경우에도 60세 이상의 고령자들에게 가장 돈을 쓰고 싶은 곳을 질문한 결과, 맨 먼저가 건강의 유지를 위한 의료비용이었다. 마찬가지로 60세 이상의 고령자들에게 저축을 하는 목적을 질문한 결과 '질병 치료와 요양의 준비'가 가장 먼저였다(도쿄대 고령사회 교과서, 2017). 여기에 더해 의식주를 유지하기 위한 비용은 고정적으로 들어간다.

은퇴 후 생존 기간이 길어짐에 따라 행복한 노년을 위하여 노인들도 다양한 경제활동에 참여하여 소득을 확보하는 것이 당연시되고 있다. 한국 사회에서 노인들이 스스로 마련할 수 있는 소득원으로는 일과 직업을 통한 근로소득, 연금, 저축을 통한 재산소득 있다. 의존적인 소득으로는 자녀 및 친척으로부터의 지원, 정부나 민간단체의 지원이 있을 수 있다. 보건복지부와 한국보건사회연구원에서 2020년에 실시한 우리나라 노인 실태에 대한 조사 결과에 따르면, 노인들의 개인소득은 2008년 700만 원에서 2020년에는 1,558만 원으로 계속 증가하는 등 노인의 경제적 자립성이 높아지는 것으로 나타났다. 또한 65세부터 69세까지의 경제활동 참여율은 2008년 39.9%에서 55.1%로 증가했고, 경제활동에 참여하고 있는 노인의 47.9%는 월 150만 원 이상의 근로소득을 올리고 있는 것으로 조사되었다.

노인복지 차원에서 정부 주도로 이루어지는 노인 일자리 사업에 참여하는 노인들도 늘어나서 2008년 3.3%에서 2020년 7.9%로 지속적인 증가추세를 보이고 있다. 참여 노인의 71.9%는 공익활동에 참여하고 있으며 취업 및 창업형 사업단 13.5%, 사회서비스 사업단 5.9% 순이다. 쉬려고 하기보다는 소득 활동에 참여하려는 의지가 매우 높은 것을 알 수 있다.

건강 및 기능 상태에 관한 실태조사에서는 자신의 건강상태가 좋다는 응답이 2008년 24.4%에서 49.3%로 증가했고, 우울 증상을 보이는 비율은 2008년 30.8%에서 13.5%로 감소했다. 우리나라 노인들의 건강상태도 날로 향상되고 있다고 하겠다.

노인의 가족 및 사회적 관계 분야에 대한 실태조사에서는 노인 단독가구는 2008년 66.8%에서 2020년 78.2%로 증가한 반면 자녀와의 동거가구는 감소했는데, 전문가들은 생활방식이 서구화하고 있기 때문에 앞으로도 노인 단독가구의 비율은 계속 증가할 것으로 예측하고 있다. 우리나라 노인들도 자식에게 의존하기보다는 독립적인 삶을 살아야 한다는 방향으로 의식이 많이 전환되고 있다. 노인의 주거환경 분야에 대한 조사에서는 자가 주택이 79.8%로 가장 높았다. 주거 형태별로는 아파트 48.4%, 단독주택 35.3%, 연립다세대 주택 15.1% 순이다. 이 밖에 노인의 연령 기준을 70세 이상으로 생각하는 비율이 74.1%로 가장 높았다. 죽음에 대한 조사에서는 '좋은 죽음'이란 가족이나 지인에게 부담을 주지 않는 죽음이나 신체적·정신적으로 고통 없는 죽음, 가족과 함께 임종을 맞이하는 죽음 등을 꼽았다.

이상 살펴본 바와 같이 노인들의 생활도 어김없이 각종 경제 분야와 아주 밀접하게 관련을 맺고 있다. 죽을 때까지 인간으로서 존엄성을 지키기 위해서는 생각보다 많은 돈이 필요하다는 것을 알 수 있다. 자신이 죽었을 때 장례를 지낼 수 있는 마지막 비용만 하더라도 적은 돈이 아니다. 이처럼 살아있는 동안과 죽었을 때 자신의 존엄을 지키기 위해 쓰일 돈을 준비해야 한다는 사실은 아무리 강조해도 지나치지 않는다. 은퇴 후를 살아가는 노인들에게 웰에이징 교육의 일환으로 경제교육이 필요한 이유이다.

2) 은퇴 후의 슬기로운 투자

한국에서 남성 대졸자의 경우 일반적으로 20대 말에 직장을 구하여 30대에 결혼을 하고, 자녀를 낳고 키우면서 살다가 60세를 전후하여 은퇴를 하게 된다. 은퇴 후부터 사망 시까지 20년~30년 동안은 개인적으로 마련한 돈이나 정부 지원금 및 의존적 수입 등으로 생활을 한다. 하지만 수명 연장에 따라 길게는 30년까지 살아가는데 경제적 여유가 풍족한 경우는 많지 않다. 젊어서는 노년의 행복을 위해 투자를 해야 하지만 은퇴 후 투자는 자신이 원하는 삶을 살고 건강을 유지하며 소외되지 않기 위해 반드시 필요하다고 하겠다. 그렇다고 위험성이 높은 투자를 해서는 안 되지만 안정적으로 수입을 늘릴 수 있는 투자는 반드시 필요하다.

은퇴 후 20년~30년간 투자를 하면서 꾸준히 수익을 만들어내는 것은 생각보다 어렵다. 부동산이든지 주식이든지 투자는 무엇보다 마음이 편해야 하며, 나이를 먹으면 순발력이 떨어지는 것이 당연하기 때문에 금융기관 적금과 같이 예측이 가능한 곳에 투자를 하는 것을 원칙으로 삼아야 한다는 것이 전문가들의 조언이다. 왜냐하면, 투자는 내가 모르는 사태가 언제 어떻게 터질지 모르기 때문이다. 아무리 좋은 기업에 주식투자를 해도 시장 전체 사정이 좋지 않다면 손실을 볼 수 있고, 이것은 노년의 삶에 매우 부정적인 영향을 미치게 된다. 리먼브라더스, 서브프라임, 코로나19 사태 때와 같은 주식

시장 폭락이 언제든지 올 수 있다. 특히 어떤 투자 대상이든지 과도한 낙관론에 기대어 빚을 내서 하는 투자는 독이라는 것을 의식하고 건전한 투자를 해야 하며, 기본적으로 분산투자를 통해 투자 리스크도 줄여야 한다.

퇴직연금과 같은 경우 매우 신중을 기하여 운용해야 한다. 요즘은 기업들이 퇴직금 운용을 금융사에게 맡기는 경우가 많다. 회사가 갑자기 망해서 없어지더라도 직원들의 퇴직금은 보장해주기 위해서 2005년 '근로자퇴직급여보장법'이 제정 도입되었다. 여기에서 직장인이 가입하게 되는 퇴직연금의 운용방식은 확정급여형(DB형)과 확정기여형(DC형)이 있는데, 학정급여형은 회사가 퇴직금의 운용방식을 지시하는 방식이다. 반면, 확정기여형은 회사가 금융기관에 퇴직금을 적립해주면 근로자가 직접 운용하는 방식이다. 이익이 나든 손실이 나든 모두 근로자의 책임이다. 금융감독원에 따르면 2020년의 수익률은 DB형은 연간 1.91%, DC형은 3.47%인 것으로 나타났다. 개인이 운용하는 방식이 평균적으로는 수익이 높다. 하지만 이것은 평균적인 수치이며 개인별 편차는 큰 것으로 알려져 있다. 즉, 어떤 개인은 DC형의 평균보다 더 높은 수익을 올리기도 했지만 그렇지 못한 경우도 많다는 것을 알 수 있다. 회사에 따라서 DB형과 DC형을 동시에 모두 도입한 경우 근로자들은 회사가 운용을 지시하는 DB형에서 개인이 운용을 지시할 수 있는 DC형으로 전환이 가능하다. 그 대신 한번 전환한 경우에는 다시 돌아갈 수 없다. 개인의 고유한 특성에 따라서 잘 선택할 수밖에 없다. 많은 근로자들이 위험도가 높은 금융상품에 투자를 했다가 원금을 손해보는 경우도 많기 때문이다.

하나은행 하나금융경영연구소가 금융자산 10억 원 이상을 보유한 국내 부자들의 금융자산 조사보고서에 따르면 한국에서 부자가 되기 위한 종잣돈을 확보한 나이는 평균 41세 전후로 파악되었다. 종잣돈을 마련한 가장 중요한 1순위 수단은 사업소득이 32.3%로 가장 많았고 다음으로 상속 및 증여가 25.4%였다. 그 외 근로소득이 18.7%, 부동산투자 18.2% 순으로 나타났다. 상속이나 증여가 부자가 되는 수단으로써 첫 번째는 아니라는 점이 많은 사람들이 노력에 의해 돈을 모을 수 있다는 것을 보여준다. 다만, 은퇴한 노인들의 경우는 다시 40대로 돌아갈 수 없는 것이 현실이기에 현재의 시점에서 지혜로운 투자를 할 것이 요구된다(이코노믹리뷰, 2020).

요즘은 은퇴 후에도 몸과 정신이 매우 건강한 경우가 많기 때문에 얼마든지 투자 활동을 할 수 있다. 실제로 60세 이후에도 부동산이나, 선물, 주식 등에 투자를 하는 사람은 많이 있다. 하지만 가장 중요한 문제는 큰 손실을 보았을 때 회복할 수 있는 기간이 별로 없다는 점이다. 따라서 은퇴자들이 기본적으로 지켜야 할 투자의 원칙이 있을 수 있다. 첫째는 모든 사람들에게 공통적인 사항으로, 자산의 분산 투자이다. 노후에 쓸 자금을 부동산이나 주식에 한꺼번에 넣는 사람은 물론 없다. 하지만 은행예금만 고집할 수도 없는 것이 본인의 노력에 따라 조금이라도 돈을 더 벌 수 있는 기회가 많이 있기 때문이다. 정기적금을 넣더라도 금융기관에 따라 금리가 높고 낮다. 개인들에게는 이것을 찾아내기 위한 노력이 요구된다. 두 번째는 반드시 장기적으로 우상향하는 자산에 투자하는 방식이다. 지금까지 한국에서는 부동산에 투자하는 것이 여기에 속했다. 평균적으로 그렇다는 뜻이다. 부동산 투자도 잘못되어 낭패를 보는 경우는 얼마든지 있다. 우상향하는 투자자산의 다른 예를 들자면 국채가 있다. 은행에 적금을 넣는 것보다는 국채에 투자하는 것이 수익률이 높다는 것은 누구나 다 아는 상식이다. 하지만 절차가 복잡하고 움직이기가 귀찮아서 실행에 옮기는 경우가 많지 않다. 셋째는 무형의 자산에 투자하는 방식이다. 물론, 은퇴자들 중에서 임대수입을 올리거나 책을 써서 인세를 받거나 강연을 하고 강연료를 받는 사람들은 극소수에 불과하다. 어떻게 보면 이와 같은 방식은 다수의 은퇴자들을 우롱하는 이야기처럼 들릴 수도 있다. 하지만, 최근 들어 은퇴자들 중에는 개인 방송을 통해 취미생활도 하면서 수입을 얻는 경우가 종종 생겨나고 있다. 여성 노인들 중에서 자신의 오랜 요리 경험을 방송으로 내보내 인기를 얻는 경우도 있고, 농사만 짓는 사람이 딸의 도움을 받아 농사짓는 방법을 강의하여 광고 수입을 얻는 경우도 있다. 어떤 은퇴자는 2~3년 동안 풍수지리나 역학을 공부하여 유튜브로 강의를 하고 있다. 이와 같은 무형자산에 대한 투자방식은 개인의 노력을 통하여 재미와 수입을 모두 누릴 있다는 장점을 지니고 있다.

3) 은퇴와 소비

　자본주의 사회에서 모든 사람은 소득을 확보하기 위한 경제활동을 하는 경제인인 동시에 소비자로서 매일매일 다양한 형태의 소비 행동을 수행한다. 경제학적 측면에서 소비란, 인간이 자신의 욕망을 충족하기 위해 재화나 서비스를 소모하는 일이다. 또한 교환가치를 잃는 것이나 자원을 사용하는 것을 뜻하기도 한다. 정부, 기업, 가계의 경제활동은 생산, 교환, 분배, 소비를 포괄하는데, 개인의 경제활동의 궁극적 목적은 생산된 재화나 서비스를 효율적으로 소비하는 데 있다. 즉, 소비는 재화와 서비스에 대한 소비자들의 지출을 말한다. 재화에는 자동차나 가전제품 같은 내구재에 대한 지출과 음식이나 옷 같은 비내구재에 대한 지출이 모두 포함된다. 서비스에는 이발이나 미용, 의료 등 손에 잡히지 않는 항목들이 포함된다. 이러한 소비의 개념은 오늘날에는 전통 경제학에서 정의하듯 재화나 서비스의 사용이라는 협의적 개념보다는 좀 더 광의적인 개념으로 확장하여 사용되고 있다. 즉, 과거의 소비는 재화를 사용함으로써 그 재화가 소멸된 상태를 의미하는 단순한 개념으로만 인식되어 왔다. 그러나 가상공간에서의 인간 활동이 활발해진 인간의 무한하고 다양한 욕구와 개별 경제주체가 처한 상이한 환경을 고려해 볼 때, 오늘날 소비는 개개인의 경제적 복지를 유지하고 향상시키기 위한 행동으로 정의될 수 있다.

이와 같은 소비는 노인이라고 예외가 아니다. 어떤 노인도 아침이면 시계나 스마트폰의 알람 소리에 아침잠을 깨고 부스스한 몸으로 라디오를 틀거나 TV를 켜서 뉴스를 본다. 또는 스마트폰을 열어서 오늘의 날씨를 확인한다. 전기면도기나 날 면도기로 면도를 하고 치약을 짜서 양치질을 한 후, 비누를 사용하여 세수를 하고 나면 얼굴을 닦기 위해 수건을 사용한다. 아침으로 밥을 해 먹기도 하지만 어떤 노인들은 과일이나 우유 또는 빵으로 아침을 즐기기도 한다. 은퇴 후에 새로 생긴 경비나 택시 운전, 공공 일자리 등 일터로 가기 위해 자가용이나 대중교통을 이용할 것이다. 자가용이면 연료비가 들어갈 것이고 버스나 택시는 비용을 지불해야 한다. 점심은 도시락을 먹거나 근처의 식당에서 돈을 지불하고 식사를 할 것이다. 저녁에 집으로 돌아올 때는 아내와 함께 먹을 과일이나 맥주나 다른 음료수를 구매할 수도 있다. 휴일에는 배우자와 함께 근처의 문화재나 색다른 자연을 찾아 자가용을 운전할 수도 있고, 바뀌는 계절에 대비해 옷이나 신발을 구매할 수도 있다. 어린아이거나 청년이거나 중년이거나 노인이거나 사람은 누구든지 소비에서 벗어나 살 수 없다. TV에서 성인들을 대상으로 인기리에 방영되고 있는 '나는 자연인이다'라는 프로그램에 나오는 사람들도 각자 다양한 사연으로 깊은 산속에 들어가 혼자 살고 있지만, 다양하게 소비를 하면서 사는 것을 볼 수 있다.

개인의 소비는 어떻게 이루어질까? 개인에게 소비 욕구를 갖게 만드는 것은 인지적 필요(needs)인 경우도 있지만 자본주의 사회에서는 많은 소비가 외부 자극에 의해 이루어진다. 사람들은 매일 광고의 홍수 속에서 살고 있다. 광고는 제품에 대한 필요를 만들어내는 자극제이다. 전혀 생각에도 없는 상품을 광고를 보고 구매하는 경우는 허다하다. 마케팅 기법이 고도화된 자본주의 사회에서 노인들도 광고의 영향을 받아 소비를 하는 측면이 있을 것이다. TV 채널을 돌리다 보면 노인의 건강에 좋다는 건강보조식품이나 운동기구 및 의료기 등의 광고가 종일 방송되는 것을 볼 수 있다. 이런 광고에 수동적으로 대응하는 노인들이 많지는 않지만 일부 방문판매원의 과장된 설명이나 미끼 판촉물에 현혹되어 실용성이 전혀 없는 상품을 구입하는 사례는 얼마든지 있다. 따라서 소비가 은퇴 후 생활에 미치는 영향을 분석하여 슬기로운 소비자 행동을 할 것이 요구된다.

보건복지부와 한국보건사회연구원에서 2020년에 실시한 우리나라 노인 실태에 대한 조사 결과에 따르면, 노인들이 가장 부담을 느끼는 지출 항목은 식비로 46.6%를 차지했으며 이어서 주거관리비와 보건의료비 순으로 나타났다. 현재의 삶에서 가장 중요하다고 생각하는 활동으로는 취미와 여가활동이 37.7%로 가장 높았고, 다음으로 경제활동 25.4%, 친목 및 단체 활동 19.3%, 종교활동 14.1% 등의 순이다. 은퇴 후 가장 비용이 많이 소요되는 부분은 식비로 나타났다.

4) 은퇴 후의 슬기로운 소비

경제학적 관점에서 소비는 재화와 서비스의 구매(purchase), 가계의 복지를 위한 사용(use), 그리고 소비 후의 처분(disposal)이라는 3단계 과정으로 구성된다. 그중 구매는 가장 광범위한 개념이다. 시장에서 구매한 것 이외에 가계에서의 생산, 사회에서 제공하는 공공재와 사용 등 여러 가지 원천을 통해서 재화와 서비스까지를 통틀어 일컫는다. 구매의 관점에서 볼 때 가계나 개인의 소비는 시장에서 화폐를 지불하고 재화나 서비스를 획득하는 행동으로 비교적 쉽게 측정된다. 개인이나 가계의 소비는 시장에서 구매한 재화와 서비스의 양이나 구매를 위해 지불한 소비 지출액으로 측정된다.

또한 사용의 개념은 가계에서 재화나 서비스를 활용하는 것으로 일정 기간 동안 사용된 재화나 서비스의 양과 구매 또는 획득된 양이 반드시 일치하지 않을 수 있다. 이는 획득 및 구매의 시기와 사용의 시기가 다르거나 재화 및 서비스를 누가 사용하느냐에 따라 달라진다. 예를 들어, 다른 사람에게 선물하기 위해 상품을 구매한 경우에는 구매자와 사용자가 다르다는 것을 알 수 있다. 사용이 경제적 의미에서의 본래 소비 개념으로는 가장 정확하지만 현실적으로는 측정이 어렵고 측정에 많은 비용이 든다는 취약점이 있다. 때문에 한 나라의 소비성향을 측정할 때엔 구매의 개념이 보편적으로 사용되고 있다. 한편, 최근에 부각되고 있는 소비의 개념으로 처분이 떠

오르고 있다. 과거에는 소비 후의 처분에 대해서는 거의 관심을 두지 않았으나 최근 쓰레기 처리와 환경오염 문제가 심각해짐에 따라 처분의 문제가 소비의 중요한 변수로 대두되었다. 환경문제나 사회적 기여가 중시되고 있는 오늘날 소비의 관점은 한 개인이나 가계가 화폐를 지불하는 구매행동만을 일컫는 것을 넘어서고 있다. 즉, 재화나 서비스의 사용과 처분의 관점까지 넓혀서 소비행동을 규명하는 것이 슬기로운 소비의 개념이라고 할 수 있을 것이다.

소비의 주체인 소비자들은 소비를 통해 항상 효용 극대화를 추구하려고 한다. 소비자들의 효용 극대화는 전적으로 소비자 각자의 선호(選好) 문제이다. 1만 원 범위 안에서 점심식사를 해결하고자 할 때 어떤 사람은 백반을 선택할 수 있고, 다른 사람들은 돈가스나 갈비탕을 선택할 수 있다. 인간의 합리적 소비행동을 연구하는 행동주의 경제학자들은 합리적인 사람이 자신의 취향을 만족시키기 위해 어떤 소비행태를 취하는지에 대하여 관심이 높다.

경제학자가 보는 합리적인 소비, 즉 슬기로운 소비란 무엇일까? 경제학적 관점에서 그것은 소비자 자신이 원하는 것이 무엇인지를 확실히 알고 주어진 기회(점심을 먹을 수 있는 1만원이 있다는 것)를 최대한 이용하려는 것을 의미한다. 경제학에서는 개인이나 가계는 항상 합리적인 소비를 하려고 한다고 가정한다. 오늘날 슬기로운 소비가 중요시되는 이유는 개인의 건전한 소비행동의 촉진과 함께 자원의 희소성이나 환경오염 문제와 밀접하게 연관되어 있다. 말하자면, 개인과 가계의 소득이 한정되어 있으므로 소비에도 희소성의 원칙이 적용된다. 소비자는 효용(만족의 크기)을 가장 크게 하는 선택의 문제에 당면하게 되며 이때 슬기로운 소비의 문제가 대두된다.

도덕적 견지에서 개인에 요구되는 슬기로운 소비란 가계의 제한된 소득 범위 내에서 한 시점뿐만 아니라 먼 장래까지 생각하여 가계 구성원의 만족을 극대화하려는 소비행동을 뜻한다. 재화와 서비스를 구입함으로써 얻는 만족과 그에 따르는 기회비용을 고려하는 것은 전형적인 슬기로운 소비 방법이다. 또한 가계부 기록의 생활화를 통해 주어진 예산을 통한 자원의 효율적 배분, 소비 지출에 대한 평가를 해보는 것 역시 슬기로운 소비 방법의 하나이다.

우리는 슬기롭지 못한 소비행동을 살펴봄으로써 슬기로운 소비가 무엇인지를 생각해볼 수 있다. 기본적으로 슬기롭지 못한 소비는 과잉소비일 것이다. 즉, 기본적으로 소비의 지출이 소득에 비해 과도하게 많은 것을 말한다. 자신의 소득에 비해 과도하게 많은 돈을 지출하는 소비에는 습관적인 것 외에 타인에게 부와 지위를 과시하기 위해 소비하는 과시소비, 기업의 광고에 따라 소비하는 수동적 소비, 다른 사람들의 소비를 추종해서 소비하는 모방소비, 계획 없이 충동적으로 소비하는 충동소비 등이 있다.

경제학에서 말하는 슬기롭지 못한 소비행태에는 베블런 효과(Veblen effect), 밴드왜건 효과(band-wagon effect), 백로 효과(snob effect),

전시 효과(demonstration effect) 등이 있다.

베블런 효과(veblen effect)는 가격이 상승하면 오히려 수요가 증가하는 현상을 말한다. 미국의 경제학자인 베블런(Thorstein Veblen)이 황금 만능주의 사회에서 재산의 많고 적음이 성공을 가늠하는 척도가 되는 현실을 비판한 저서 『유한계급론(The Theory of Leisure Class)』에서 부유한 사람들이 자신의 성공을 과시하기 위해 사치를 일삼고 가난한 사람들은 그들대로 이를 모방하려고 열심인 세태를 설명하기 위해 사용한 용어이다. 우리나라 속담에 '뱁새가 황새 쫓아가려다가 가랑이 찢어진다.' 말과 같은 이치이다. 소비는 누구를 모방하는 것이 아니라 자신의 분수에 맞춰서 하는 것이 가장 현명할 것이다.

백로 효과(snob effect)는 1950년 하비 레이번슈타인(Harvey Leibenstein)이 처음 사용한 용어로 다수의 소비자가 구매하는 제품을 꺼리는 구매심리 효과를 말한다. 다시 말해, 소비자가 제품을 구매할 때 남과 다른 자신만의 개성을 추구하는 방식으로 의사결정을 내리기 때문에 타인의 사용 여부에 따라 구매 의도가 감소하는 현상을 설명하는 용어이다. 이와 같은 소비는 요즘 젊은이들에게서 흔히 볼 수 있다. 자신만의 명품을 갖고 만족을 즐기는 젊은이들이 늘어나고 있다. 노인들에게도 개성이 없다고 할 수는 없지만 의료비용이나 의식주 비용을 고려할 때 자제되어야 할 소비행태임은 분명하다.

전시 효과(demonstration efect)는 사회의 소비수준의 영향을 받아 개인이 타인의 소비행동을 모방하려는 소비성향 또는 후진국이나 저소득자가 각각 선진국이나 고소득자의 소비양식을 모방하여 소비를 증대시키는 성향을 말한다. 여기에는 신문과 라디오 등 매스 미디어를 통한 브랜드 선전의 영향이 크다. 미국의 경제학자인 듀젠베리(Dusenberry)는 1949년에 출간한 저서 『소득·저축·소비자행동의 이론』에서 소비가 단지 개인의 소득액뿐만 아니라 사회에서 소득계층상의 순위에도 의존한다고 하는 상대소득 가설을 수립하였는데, 이 저서에서 그는 전시효과라는 용어를 처음 사용하였다.

또한 과소비 행태의 하나로 밴드왜건 효과(band-wagon effect)라는 것이 있다. 이것은 악대가 음악을 연주하면서 거리를 지나가면 사람들이 무엇인지 궁금하여 모여들기 시작하고 사람들이 무엇인가 있다고 생각하여 무작정 뒤따르면서 군중들이 더 많이 불어나는 것에 비유하여 붙여진 명칭이다. 어떤 재화의 수요가 많아지면 다른 사람들도 그 경향에 따라서 수요를 증가시키는 편승효과를 말한다. 노인들이 군중심리에 휩쓸려 과소비를 하는 경우는 우리 사회에서 종종 발생한다. 노인학교에 찾아온 의료기 판매상이 무료로 제공하는 각종 선물에 현혹되어 터무니없이 비싼 값으로 의료기를 구매하기도 하고, 주변의 다수 노인들이 장만하였다는 이유로 자신에게는 맞지 않는 의료기를 고가에 사들이는 경우도 있다. 이와 같은 군중심리에 의한 과소비는 배우자나 자식들과 갈등의 원인이 되기도 하니 유의할 필요가 있다.

노년의 슬기로운
자기결정

1) 은퇴와 경제적 소외

    다수의 발달심리학자들은 한 개인에게 있어서 은퇴(retirement)란 중년기에서 노년기에 이르는 기간에 적응해야 할 중요한 발달과업으로 본다. 은퇴에 대한 노인들의 태도를 보면, 1/3정도는 은퇴를 기쁜 마음으로 기대하고, 다른 1/3은 걱정과 불안을 느끼며, 나머지 1/3은 은퇴에 대하여 생각하기조차 어려울 정도로 강한 두려움을 갖는다고 한다.[1] 경제적 측면에서 볼 때 사회에서 자신이 하는 일에 만족하지 못하는 사람들이 은퇴 후에 충분히 쓸 돈이 있을 경우엔

---

[1]   송명자 지음 『발달심리학』(1995), 학지사

은퇴를 반기는 것으로 나타났다.[2]

인간의 소외에 대한 연구는 정치, 경제, 사회, 종교 및 철학 등 다양한 측면에서 이루어지고 있다. 우선, 정치적 소외란 인간이 만들어낸 정치제도에 보편적이고 타당한 권위가 있다고 간주하고, 여기에 인간이 지배되거나 속박될 때 나타나는 소외를 말한다. 종교적 소외란 인간의 삶을 매우 고통스럽다고 봤기 때문에 구원을 원하게 된다는 것이다. 자신의 고통에 대한 보상으로서 외부의 환상적 존재에 욕망을 투사하여 그 힘에 인간이 매몰될 때 나타나는 소외를 말한다. 중세 때는 이와 같은 종교적 소외를 이용하여 종교인들이 왕보다 더 높은 위치에서 대중을 지배하는 것이 가능했다. 철학적 소외란 인간이 스스로 생각하는 과정에서 나타나는 소외이다. 사람이 생각하는 과정에서 절대불변의 진리가 있다고 위임을 해버리고, 위임된 지식체계에 인간이 지배당할 때 소외가 발생한다는 것이다.

경제적 소외란 독일의 경제학자이자 철학자인 마르크스가 주장한 이론으로 그 내용은 인간이 만들어낸 산물을 인간이 소유하거나 지배하지 못하고 그것이 독립된 외부의 힘을 이루어서 인간이 지배당할 때 소외가 발생한다는 것이다. 경제적 소외란 결국 가난의 결과이다. 많은 논쟁에도 불구하고 자본주의 사회에서 대부분의 사람들

2　Belbin. R. M.(1983), The implications of gerontology for new work rolesin later life. In J.E. Birren(Ed.), Aging: A challenge to science and society(Vol. 3) New York: Oxford University Press, pp. 214-215.

은 정부가 적어도 극빈층을 경제적으로 지원해야 하는 책임을 가진다고 생각한다. 경제적 소외의 결과로 나타나는 자살과 같은 극단적 선택을 막기 위한 사회적 안전망(safety net)이 있어야 한다는 것이다. 하지만 빈곤은 정부가 해결하기 어려운 문제 중의 하나이다. 옛말에 "가난 구제는 나라도 할 수 없다"고 했다. 즉 가난한 사람을 도와주는 일은 끝이 없어서 개인은 물론 나라의 힘으로도 구제하지 못한다는 뜻이다. 그만큼 가난을 벗어나는 것이 쉽지 않다는 것을 알 수 있다.

2) 경제적 소외의 극복 전략

자본주의 사회에서 경제적 지위가 낮은 사람들이 소외를 경험하는 것은 당연한 것으로 받아들여진다. 우리나라에서는 수출 주도, 재벌 중심의 성장전략이 자본주의 제도의 폐해를 수정하기 위한 고용과 분배를 등한시함으로써 양극화를 더욱 고착화시켰다. 주로 미국에서 공부한 성장론자들은 대기업의 경쟁력을 키우면 키울수록 낙수효과도 커져서 가난한 계층에게 돌아가는 돈도 많아진다는 주장을 폈는데, 그와 같은 기대는 지금 여지없이 빗나가고 있다. 문재인 정부에 들어와서 최저임금을 대폭 인상하는 등 가난한 계층을 위한 정책을 많이 펼쳤지만 우리 사회에 고착화된 빈부격차를 줄이는 데는 별 효과가 없었다. 따라서 국가 정책적으로 국내총생산 수치를 좇는 성장 위주의 정책도 중요하지만 그에 상응하는 분배조치도 점점 필요해지고 있다. 사람을 중심으로 하고 사람을 목적으로 한 성장 도식을 다시 그려야 한다는 목소리가 커지고 있다.

가장 우선되어야 할 과제가 교육의 혁신이다. 교육부터 사람 중심으로 개혁되어야 한다. 돈벌이와 1등을 목표로 하는 교육이 혁신되지 않는 한 우리 사회에 뿌리내린 초(超)경쟁주의 가치관은 바뀌기 어렵다. 경쟁만 부추기는 교육은 인간의 심성이 무너지는 파편적 사회를 만들었으며, 주위에 있는 사람들은 죽든 말든 나만 잘 되면 그만이라는 극단적 이기주의적 행태가 용인되는 괴물 같은 사회를 만들어냈다. 앞으로 더 좋은 사회, 양보와 타협이 최고의 미덕이 되는 통합적인 사회를 만들어내려면 시간이 걸려도 인문교육 수준을 높여나가고, 이를 뒷받침하기 위한 문화적 성숙이 절대적으로 필요하다. 결론적으로, 우리 사회가 경제적으로 발전하면 할수록 빈부격차는 더욱 커지고 경제력이 약한 계층의 노인들은 소외감이 더 커질 수밖에 없다.

자본주의가 발달함에 따라 자본을 갖지 못한 계층은 소외에 빠져들 수밖에 없다는 주장을 한 사람은 독일의 철학자이자 경제학자인 마르크스(K. Marx)이다. 마르크스가 소외론을 주장한 것은 1844년 『경제학 철학 초고』를 통해서였다. 여기서 그가 도입한 소외의 개념은 포이어바흐의 『기독교의 본질』에서 영향을 받았다. 포이어바흐는 초현실적 신이 존재한다는 관념이 인간을 자연적인 특성으로부터 소외시킨다고 주장했다.

마르크스는 이것을 정치적 이데올로기에 접목하여 보다 현실적이고 정치적 관점으로 발전시켰다. 마르크스는 물질적 생산이 지성적 생산의 근원이라고 주장하면서 생존의 욕구부터 해결해야 창조적인 활동을 하는 인간의 모습을 꿰뚫어보았다고 할 수 있다. 이는 나중에 물질적 하부구조가 정신적 상부구조를 지배한다는 철학적 이념으로 발전하고 대중화되었다. 이런 주장은 '금강산 구경도 식후경'이라는 우리의 전통 속담과 맥을 같이한다.

마르크스는 자본주의 사회에서 인구의 대부분을 차지하는 노동자 계층은 그가 생산한 생산물로부터 소외감을 느끼게 된다고 말하는데, 이러한 이론은 오늘날 경제 전반에서 경제적 소외로 연결되고 있다. 인간 소외의 이론적 기저는 자본주의적 생산양식에 있다. 자본주의 생산양식에서 노동자는 스스로 생명과 운명을 결정할 능력을 상실하며, 자기 행동의 결정자로서 사유하고 납득하는 능력을 박탈당한다는 것이다. 자본주의 사회에서 인간이 다른 인간과의 관계를 정의하기 위해서는 그들이 노동으로 생산해낸 상품과 용역의 가치에 의존해야 한다. 비록 노동자는 자율적이고 자주적인 인간이지만, 경제적 존재로서 노동자는 생산수단을 독점한 자본가들이 전횡하는 경제적 목표를 향해서만 행동하게 된다는 것이다. 자본가들은 경쟁에서 살아남기 위해 최대한의 잉여가치를 창출해야 하기 때문에 노동자를 계속 착취하게 되는데, 이 과정에서 일반 대중은 소외될 수밖에 없다는 주장이다.

한국은 늘 고도성장을 추구하는 정책을 추진해 왔다. 오늘날 그 결과가 세계 1위의 저출산 국가로 나타났다. 합계출산율은 0.86 수준이고 이는 OECD 국가 중 맨 하위에 속한다. 노인계층의 경제적 빈곤, 산업 재해로 인한 사망율 등은 준선진국에는 어울리지 않는 어두운 모습들이다. 짧은 기간에 빛나는 고도성장을 이룩한 나라로 극찬을 받고 있지만 그늘에 가려진 어두운 실상 중의 하나가 노인계층의 빈곤, 즉 경제적 소외이다. 경제위기를 넘기 위해 동원한 정책들 대부분은 결국 계층 간의 격차만 크게 만들어 놓았다. 그 격차는 기회의 불공정으로 이어져서 경제력이 약한 노인들을 더욱 소외로 내몰고 있다. 이것을 해소할 사회안전망 구축과 가동이 정부의 정책적 차원에서 시급한 실정이다. 사회적 불평등이 커질수록 공정성에 대한 불신은 높아지기 마련이다. 정치나 정부의 목표는 언제나 '누구도 소외되지 않는 세상'을 만드는 것이다. 선진국으로 갈수록 국가는 더 과감하게 소외된 약자 보호에 정책의 초점을 맞추는 것이 수정자본주의 정책의 기조이기 때문이다.

은퇴자 개인의 차원에서 경제적 소외를 극복하는 방법은 개인의 삶에 대한 태도나 신념 및 경제적 지위에 따라서 다를 것이다. 은퇴자 개인이 실천할 수 있는 경제적 소외의 극복 방법은 다양하고 많다. 기본적으로는 젊은 시절부터 노후를 고려한 경제적 준비를 하는 것이 가장 효과적이고 지혜로운 일이다. 노후를 위한 경제생활이 체질화되어야 한다. 노후를 위한 소득생활, 노후를 위한 절약, 노후를 위한 증여나 상속의 유보 등이 기본적으로 실천되어야 한다.

다음으로는 재테크보다 우(友)테크다. 미국의 자부심이라고 할 수 있는 소설가 헤밍웨이는 62세에 권총 자살로 죽었다. 돈 많고 대중들로부터 찬사를 한 몸에 받던 헤밍웨이가 왜 그렇게 죽었는지에 대해 많은 연구들이 이루어졌다. 지금까지의 연구에서 가장 큰 공통분모는 우울증에 시달리다가 자살을 선택했다는 것이다. 그가 자살을 선택한 것은 돈이 없어서나 건강이 안 좋아서가 아니었다. 그보다는 평소 친하게 지내던 주위 사람들이 죽어가는 것에 대한 극심한 스트레스에 시달리던 중 어느 날 늘 함께하던 편집자가 죽자 자살을 선택했다는 것이다. "친구 따라 강남 간다."고나 할까. 헤밍웨이의 경우에서처럼 노후의 삶을 살아가는 데 있어서 돈이 중요하다고 하지만 그것이 전부는 아니라는 사실을 많이 발견할 수 있다. 가난한 노인들이 종교의 힘에 의해 건강한 정신으로 살아가는 경우도 얼마든지 있다. 노인들에게 경제적 소외는 있을 수 있지만 극복 또한 얼마든지 가능하다는 것을 보여준다.

3) 경제적 유리

사회관계의 측면에서 노년기는 다른 사람들과의 사회적 교류가 상대적으로 줄어드는 시기이다. 은퇴 이후에 자연스럽게 일어나는 사회적 관계의 범위와 영향력의 축소는 개인에 따른 정도의 차이는 있지만 심리적 우울감이나 상실감을 불러일으키기도 한다. 가족이나 친구 및 이웃 등으로부터 보살핌과 지지를 받는 사회적 지원체계는 노년기의 신체의 건강과 심리적 안녕에 큰 영향을 미친다. 많은 연구에서 강한 사회적 지지망이 장수의 가능성을 높여 주는 것으로 나타난다. 노인은 신체 및 경제적 능력의 쇠퇴와 더불어 의존성이 증가하는 경향이 있기 때문이다.

의존성이 강한 노인은 어떤 형태의 부양을 필요로 할까? 일반적으로 보면 첫째, 경제적 의존성은 연금이나 국가보조금, 용돈을 받음으로써 해결된다. 둘째, 신체적 기능이 약화되어 생기는 신체적 의존성은 목욕, 청소, 세탁 등 일상생활의 지각, 동작을 통해 보완된다. 셋째, 정신능력의 의존성은 기억 및 판단력의 감퇴 등에서 일어나므로 노인들의 사물에 대한 기억, 중요한 결정의 판단, 방향 감각 및 의사소통 과정을 도와야 한다. 넷째, 사회적 역할 및 활동의 상실에서 오는 사회적 의존성은 고립감을 갖지 않도록 사회적 관계의 기회를 제공함으로써 해결될 수 있다. 다섯째, 심리적 · 정서적 의존성이 무엇보다도 중요한데, 노인이 되어갈수록 자녀, 가족 혹은 친지에게 물질적 도움을 받기보다는 심리적으로 의존하려는 경향이 늘어간다는 사실이 밝혀지고 있다. 이들 간의 연대가 필요하지만 갈수록 파편화되는 경향 속에서 쉬운 일이 아니다.

노인들이 고유하게 갖는 의존성으로부터 도출된 유리이론(disengagement theory)에 따르면, 노인과 사회는 서로 자발적으로 분리된다. 노인들은 니이를 먹어갈수록 자신에게 닥처오는 생의 마지막을 예견하면서 사회적 활동량을 줄이는 반면, 자신의 내면의 성찰에 주력하여 바쁘고 어려운 일상에서 벗어나 평온한 삶을 살아가려는 경향을 보인다. 하지만, 이것을 부정적으로 볼 필요가 없는 이유가 있다. 그것은 노인은 몸과 마음이 젊을 때와는 다르게 노화되었기 때문에 일과 사회적 역할로부터 점차 벗어나 자유로워지는 과정을 밟는 것이 자연스럽게 평온한 삶을 살게 되는 웰에이징이라는 주장도 제기된다.

물론 노인들이 처한 사회경제적 상황에 따라서 노년기라도 노련한 경험과 전문성으로 더 나은 사회적 지위를 확보하는 경우도 있다. 따라서 모든 노인들이 유리의 과정을 밟는다고 볼 수는 없을 것이다. 이런 경우는 활동이론(activity theory)에 의해 설명될 수 있다. 성공적인 노화를 위해서는 가정과 사회에서 기존의 역할과 일로부터 벗어나기보다는 오히려 지속하고 유지해야 한다는 주장이다. 실제로 노인들은 기존에 해오던 역할과 유사한 역할이나 관계를 유지할 때 삶에 대한 만족도가 높아지는 것으로 나타났다. 따라서 기회가 주어진다면 예전에 하던 활동을 지속하는 것이 정신건강이나 육체적 건강을 위하여 바람직하다는 것이다. 물론, 스스로 신체적인 한계를 느끼게 되는 경우에는 무리한 활동을 하기보다 평온한 휴식을 취하고 자유 시간을 갖는 것이 행복감을 더 느낄 수도 있을 것이다. 또한 활동이론에 따르면, 노인들이 어떤 활동을 해야 사회적으로 유리감을 덜 느끼게 되느냐의 문제가 제기된다. 이를 위해서는 자신을 잘 분석하여 가장 선호하고 흥미가 있으며 동기부여가 되는 활동을 할 것을 권장한다.

4) 유리 극복을 위한 경제활동

유리(遊離)란 노인들이 사회로부터 자발적으로 물러서는 것을 말하는데, 사회를 떠나는 기본적인 목적은 사회활동으로 인해 소모될 삶의 에너지를 보존하는 데 있다. 은퇴한 노인이 자연스럽게 사회로부터 자신을 분리시키는 것은 부정적이기보다 긍정적 관점에서 접근할 필요가 있다.

노인들이 사회적 집단으로 떠나는 유리 행동에는 정신적·경제적·신체적 이유가 있다.

정신적 이유에서 본다면, 노인들은 죽음을 앞둔 세대로서 자신의 내면을 돌아보기 위한 시간을 확보하기 위한 것으로 이해할 수 있다. 또한 은퇴한 노인들이 이와 같은 유리 활동을 선택할 수밖에 없는 이유로 건강상의 약화와 죽음에 대한 가능성의 증가 및 경제력의 약화를 들 수 있다. 한 개인이 사회활동에 많이 참여할수록 비용이 더 소모되는 것이 사실이고, 자신이 반드시 참여하고 싶은 사회적 회합이나 행사에 경제적 이유로 참여하지 못하는 것은 스트레스로 다가온다. 이와 같은 이유로 인해 노인들은 점차 사회로부터 자신을 분리시키려고 한다. 하지만 노인이라고 해서 무조건 자신을 사회로부터 분리시키는 것이 능사는 아니라는 것이 활동이론에 의해 지지된다.

활동이론(activity theory)은 인간의 활동체계에 대한 구조적 접근을 통해 학습이 지닌 집단적 속성에 대한 유용한 분석의 틀을 제공한다. 활동이론은 역사적, 문화적 맥락을 학습의 내용과 과정에 영향을 미치는 근원적인 힘으로 파악하며, 학습을 인간의 집단적 활동과 연계하여 이해하려고 하기 때문에 학습이 가지고 있는 변혁적 역동성과 집단적 속성을 잘 드러내 준다. 사회적 관계 속에서 행위의 주체는 원하는 산출물(outcome)을 얻기 위해 어떤 객체를 다루게 되는데, 여기에는 다양한 종류의 매개체가 사용되며 문화적이고 역사적으로 형성된 매개체에 의해 인간의 행동이 달라질 수 있다는 것이다. 활동이론에서는 이러한 인간의 행동체계를 활동(activity)이라고 정의한다. 사람의 활동은 주체(subject)와 객체(object)를 관계의 한 단위로 볼 수 있고, 주체와 객체 사이를 매개하는 매개체가 존재한다는 것이다.

실제로 대부분의 사회에서 노인들의 사회적 유리를 예방하기 위한 많은 정책들이 개발되고 추진된다. 가정에서 돌봄이 어려운 노인들을 위한 노인학교가 매개체로 운영되는가 하면 마을의 기초자치단체에서는 노인회를 매개체로 하여 집에 머무르는 노인들을 집 밖으로 불러내기 위한 노력을 하고 있다. 노인들에게 임금을 지불하고 거리 청소와 같은 집단적 봉사활동을 유도하는 등이 바로 그것이다.

노후에도 사회로부터 유리되지 않고 자신의 존재감을 확인할 수 있는 최소한의 사회적 관계를 유지하려면 돈이 필요하다. 모든 사람들은 젊어서부터 체계적으로 경제력을 높여나가야 한다. 또한 노인들의 사회적 관계 유지를 위해서는 가족관계의 유지, 친인척 간의 왕래, 필수 모임에의 참여 및 건강 유지 활동 등도 활발하게 이루어지는 것이 좋다. 이러한 활동 유지에도 당연히 경제적 뒷받침은 필요하다. 얼마 전 미국의학협회는 사람의 장수 비결이 특별한 방법에 있는 게 아니라는 사실을 발표했다. 협회는 100세 이상의 장수자들과 인터뷰한 결과를 토대로 그들 사이에서 공통으로 나타나는 특징을 다음과 같이 정리하고 있다.

- 평소 태평스럽고 낙천적인 성격의 소유자다.
- 유머 감각이 뛰어나다.
- 가능한 한 육체적으로나 정신적으로나 무엇인가에 몰두하여 부지런을 떤다.

이에 더하여 협회의 보고서는 "그들 중 대부분은 교회에 오랫동안 출석해 온 독실한 신앙인이었다."고 말한다. 한국 사회에서 종교활동에 참여하고자 할 때 돈이 들어가는 것은 피할 수 없는 현실이다.

참고 문헌

- 그레고리 맨큐 지음, 김경환 · 김종식 역, 『맨큐의 경제학』(2010), 교보문고
- 김윤태 외 지음, 『문화사회학의 이해』(2020), 세창출판사.
- 송명자 지음 『발달심리학』(1995), 학지사.
- 안국신, 『경제학 길잡이』(2000), 율곡.
- 〈이코노믹리뷰〉, 2020.4.5., http://www.econovill.com.
- 이학식 · 안광호 · 하영원 지음, 『소비자행동』(2006), 법문사.
- 도쿄대 고령사회 종합연구소 지음, 최예은 역, 『도쿄대 고령사회 교과서』(2017), 행성B.
- Belbin. R. M.(1983), *The implications of gerontology for new work rolesin later life.* In J. E. Birren(Ed.). *Aging: A challenge to science and society(Vol. 3)* New York: Oxford University Press, pp. 214-215.

3장

인간관계 또는
사회화를 키우는 방법

인간은 태어나면서부터 일차적인 인간관계인 가족관계 속에 편입된다.

그리고 생애주기에 따라 다양한 인간관계를 맺으며 다양한 사람들을 만나

다양한 역할을 하면서 좋은 살기 위해 노력한다. 따라서 우리는 발달단계

에 따른 인간관계의 변화 요인과 양상을 살펴봄으로써 웰에이징을 위한 인

간관계의 초점이 어디에 있는지 탐구할 필요가 있다.

인간관계의 형성

1) 생애 발달단계와 사회화 과정

인간관계는 인생의 발달단계에 따라 변화한다. 생애발달에서 요구되는 사회적 발달은 사회화의 한 과정으로 볼 수 있는데, 주기에 따라 발달위기를 경험하며 성장을 촉진하게 된다. 생애주기에 따른 발달위기와 과업은 웰에이징을 위한 인간관계의 핵심 요소로서, 유아기부터 노년기에 걸쳐 이루어진다(Erickson, 1963).

생애발달의 첫 단계인 영아기 단계의 사회화의 핵심은 신뢰감 형성이다. 기본적으로 영아는 욕구에 기반한 의사소통을 하게 되는데, 이때 욕구를 해결해주지 않으면 기본적으로 사람을 불신하게 된다. 배가 고픈 아기가 젖을 달라고 울면 부모는 일반적으로 젖을 주는 행위로 반응한다. 이렇게 욕구에 기반한 자극이 일관적인 반응으로 연결되면 아이는 양육자(엄마)에 대한 신뢰감을 형성하게 되는 것이다.

걷기를 시작하는 유아기의 아동은 스스의 의지로 행동하며 독립성을 갖고자 노력한다. 이 시기에는 스스로 무언가를 해 보려는 시도가 이어지는데, 이 시기에 자신의 능력에 따른 역할을 주도적으로 할 수 있게 된다면 자율성이라는 사회적 발달을 성취하게 된다.

어린이집이나 유치원에 입학할 시점에 있는 학령 전 아이들은 스스로 자신의 역할에 책임을 지고 주도성을 갖기를 바란다. 이 시기의 아이들은 놀이를 경험하게 되는데, 사회적 관계에서 규칙을 준수하는 것이 중요하며, 만일 규칙을 지키지 않을 경우 자신의 무책임에 죄책감을 느끼게 된다.

초등학교 입학 시점인 학령기는 본격적으로 제도권 교육이 시작되는 단계이다. 새로운 지식과 기술을 학습을 통해 성취하는 시기이며, 자기가 이룬 성취가 유능감의 정서로 이어지게 된다. 그러나 학습의 성과를 얻지 못할 경우에는 스스로를 무능하다고 여기며, 결국 열등감을 갖게 된다. 이는 자아존중감과도 연결되므로, 열등감이 지속되는 아동에게는 작은 도전의 기회를 갖게 하고 스스로 달성 가능한 목표를 세우도록 돕는 것이 필요하다[1].

1　조세핀 킴 지음.『교실 속 자존감』(2014). 비전과 리더십

사춘기로 대변되는 청소년기는 학교에서 온전히 모든 시간을 보내는 시기이다. 이 시기에는 자신의 정체성을 찾고 이를 반영할 만한 대인관계를 추구한다. 정체성을 찾기 위해 방황하고 갈등을 겪기도 하지만 그에 직면조차 할 수 없는 경우에는 역할에 대한 혼란의 감정을 가지게 된다. 정체성의 확립이란 대인관계의 경험 속에서 이뤄지는 것이기 때문이다.

2

생애주기에 따른
인간관계의 발달

인간은 태어나면서부터 일차적인 인간관계인 가족관계 속에 편입된다. 가족관계는 선택할 수 없는 무조건적 관계이다. 인간은 이후에도 평생 동안 다양한 인간관계를 맺으며 살아가는데, 생애주기에 따라 다양한 다양한 사람들을 만나 다양한 역할을 하면서 좋은 인간관계를 맺으며 잘 살아가기 위해 노력한다. 여기서는 발달단계에 따른 인간관계의 변화 요인과 양상을 살펴보면서, 웰에이징을 위한 인간관계의 초점을 어디에 두어야 하는지 탐색해 보려고 한다.

1) 유아기의 인간관계

인간은 태어남과 동시에 전적으로 부모의 보호와 양육이 필요한 신생아 시기를 거치게 된다. 신생아 시기 부모의 양육 방식은 자녀의 성격적 기질과 상호작용하여 성격 형성의 바탕이 된다. 부모와 자녀의 이런 관계는 성장 후에도 성격 형성에 지속적인 영향을 미친다. 가족관계 중 형제자매 관계는 같은 부모에게서 피를 나눈 친밀한 관계로, 다른 인간관계보다 강한 정서적 유대감을 바탕으로 한다. 하지만 형제자매 관계에는 출생서열(birth order)에 따라 부모의 애정과 관심을 나누어 가져야 하는 경쟁적 요소도 포함되어 있다. 따라서 부모는 자녀들이 경험할 수 있는 정서적 경쟁 상태를 관심 있게 살펴볼 필요가 있다. 부모의 태도에 따라 자녀 사이에 복잡한 심리 상태가 형성될 수 있으며 이는 성격 형성에 중요한 영향을 미칠 수 있기 때문이다.

2) 학령 전 아동기의 인간관계

3세~4세 무렵은 성장 급등기 이후 신체적 운동능력이 원활해지는 시기다. 행동의 반경이 가정을 넘어 또래 아동들과 인간관계를 맺기 시작하고 동일한 연령대의 아동들에게 관심을 보이는 시기이기도 하다. 발달심리학 연구에 따르면 이 시기의 아동들을 대상으로 얼굴 사진에 대한 반응을 살펴본 결과 또래 아이들의 얼굴을 더 오 랫동안 주목하는 것으로 나타났다. 이 시기에는 또래외의 놀이 활동 을 경험하면서 인간관계의 폭이 증대되고 사회성이 발달하게 된다.

인간관계는 사회화에 대한 기대 수준에 따라 발달하기 때문에 학 령 전 아동들은 사회적으로 수용될 수 있는 행동을 놀이를 통해 학 습하게 된다. 때로는 친구들과 갈등을 일으키기도 하지만, 놀이를 통해 사회적 규칙을 이해하고 문제를 해결하는 학습의 과정을 거치 게 된다. 이 시기 아동들이 주로 하는 놀이는 역할놀이인데, 한 아 이가 두 가지 역할을 동시에 수행하면서 사회가 자기에게 원하는 역할에 대한 인식이 이루어지며 이를 통해 사회적 적응력을 기르게 된다.

3) 아동기의 인간관계

아동기를 맞아 초등학교 입학하면서 인간관계에는 많은 변화가 온다. 학교에서 함께 지내며 또래들과 어울리는 시간이 급격하게 많 아지는 것이다. 이 시기에 인지적 능력이 발달하고 감정의 세분화가 진행된다. 또한 자신이 지향하는 기준에 따라 어울리는 친구들을 나 누게 되며 또래집단을 형성하기도 한다. 또래집단은 아동기 안정된 소속감을 제공한다. 아이는 준거집단인 또래집단을 자신의 준거집단으로 삼아 도움을 주고받으며 긍정적인 경험을 공급받는다.

이 시기에 아이는 학교에 입학하여 교사와도 새로운 관계를 맺는다. 교사와의 상호작용은 따르고 의지하며 가르침을 받을 수 있는 새로운 관계의 경험이다. 또한 아동기의 아이들은 학교과 교사를 통해 규칙 준수 등 사회화와 역할학습을 전수받게 된다.

4) 청소년기 인간관계

학교를 기반으로 한 교우관계는 청소년기로 접어들면서 중요한 인간관계로 자리 잡게 된다. 이때는 반 친구나 학교 친구 이외에 가치관, 종교, 취미활동 등 내재적 가치에 관심이 같은 친구들과 어울리려는 경향이 강화되는 시기이다. 이 시기에는 동아리 활동, 학교 외 모임 등 자신의 차기 성향과 유사한 모임에 참여하게 된다. 수평적 교우관계뿐 아니라 수직적 관계인 선배와의 관계에도 관심을 갖고 의미 있는 관계를 맺으려고 노력한다. 사춘기로 대변되는 시기인 만큼 이성에 대한 관심이 높아지고 실제로 이성관계가 시작되기도 한다.

우리나라의 교육 현실은 청소년기 인간관계를 넓히는 데에 취약한 편이다. 학교에서의 활동이 학습과 진학이라는 목표에만 집중되는 상황에서 교우관계는 협소해지고 인간관계에 필요한 대인관계의 기술을 습득할 기회를 놓치는 학생들도 있다. 대인관계에 대한 충분치 못한 탐색은 정체성의 위기를 가져올 수 있다. 신념과 가치체계를 통해 자기개념을 수립하는 자아정체성은 사회적 관계 속에서 다양한 역할을 시도해 봄으로써 형성되는 것이기 때문이다. 자연스럽고 분명한 자기개념을 가지게 될 때 다른 사람들과 가까운 관계를 형성할 수 있는 친밀감이 생겨나므로 성인기로 넘어가기 전 청소년기의 정체성 탐색은 반드시 필요하다.

5) 청년기의 인간관계

대학에 진학하거나 직장으로 진출하는 이 시기는 제도적 틀 안에서 갖춰진 자신을 벗어나 다양하게 인간관계의 폭을 넓힐 기회가 된다. 청소년기 입시 준비를 위한 시간과 노력에서 벗어나 이제는 다양한 인간관계를 확장할 수 있는 기회를 맞기도 한다. 즉 대학이나 직장에서는 주어지는 인간관계보다는 만들어가는 인간관계가 본격적으로 이루어지게 되는 것이다. 따라서 이 시기에는 개인 스스로가 적극적인 노력을 하지 않으면 인간관계 형성이 자연스럽게 이루어지지 못한다. 기존 청소년기는 같은 학급에 소속되어 동질성에 기초한 인간관계였다면 이 시기에는 시간과 공간의 물리적인 동질성을 넘은 욕구에 기반한 동질성의 인간관계를 질적으로 이어가고자 노력한다.

질적인 인간관계에서 선택을 통한 교제는 이성관계에서도 나타난다. 다양한 기회를 통해 이성과의 만남이 빈번해지며, 성인으로서 친밀하고 배려하는 관계를 통해 서로 간 정서적 성숙이 이루어진다. 이후 직업 활동을 통해 경제적 독립과 안정을 이루기 위해 결혼을 하고, 독립된 가정을 이루어 남편과 아내의 부부관계를 형성하게 된다.

6) 중장년기의 인간관계

중장년기는 직장생활을 시작한 이후 최고의 생산력을 가지게 되는 이른바 인생의 황금기라고 할 수 있다. 높아지는 직급은 리더 또는 상급자로서 권리와 역할을 동시에 부여한다. 일을 매개로 한 관계에서 관계 중심과 업무 중심 사이에서 갈등이 발생할 수 있다. 자신의 경쟁력을 높이기 위한 생산성에 집중하는 것도 중요하지만, 이에 따라 발생할 수 있는 인간관계의 스트레스를 관리하는 노력에도 집중할 필요가 있다.

자녀들 또한 청소년기에 접어들면 자연스럽게 가족관계보다는 친구관계에 집중하게 되고, 이후 청년기를 맞이하여 독립된 생활을 시작한다. 이때 자녀가 떠난 텅 빈 가정을 마치 새들이 떠난 둥지에 비유하여 '빈 둥지 증후군'이라고 표현한다. 이때의 부부체계는 부부 2인군 관계로의 재조정이 필요하며 성장한 자녀와 부모와의 관계를 성인 대 성인의 관계로 발전시켜야 한다. 자녀가 배우자를 맞이함으로써 며느리, 사위, 사돈, 손자녀가 생기기 때문에 이들 모두를 가족체계에 포함시키도록 가족관계를 재정비할 필요가 있다.

7) 노년기의 인간관계

노년기의 변화는 사회적 역할로부터 거리를 두는 데에서 비롯된다. 노년기에는 점점 주변 세계로부터 물러나는 특성을 보인다. 활동을 이어가고 싶지만 강제로 은퇴하거나 사회적 모임에 더 이상 초대받지 못하게 될 때 사회로부터 경계를 둔 상태가 된다.

노년기 인간관계는 미래에 기대를 두고 활동하기보다 현재를 즐기는 데에 초점을 둔다. 이 시기에는 이미 친밀한 정서적 유대를 맺고 있는 사람들에게 더 주의를 기울이고 잘 모르는 사람들에게는 시간을 들이지 않는다. 오래 결혼생활을 한 부부들은 서로 더 가까워지고, 결혼 만족도가 증가하며, 자녀와 손자녀, 오랜 친구들과의 유대가 더욱 돈독해진다. 노년기까지 일을 계속하는 사람들은 직장에서의 승진보다 동료와 사회적 관계를 유지하는 데 더 관심을 갖고 젊었을 때보다 현재에서 더 큰 즐거움을 찾는다. 때문에 사회적 관계의 차원에서 노년기 일자리는 매우 중요한 의미를 가지기도 한다.

노년기에는 친구나 친척 나아가 한평생을 같이 살아온 배우자와의 영원한 이별을 경험하게 된다. 죽음은 누구나 맞이하는 경험이지만, 특별히 배우자의 죽음은 남겨진 노년기 개인에게 매우 큰 마음의 아픔을 준다. 홀로 남겨진 뒤에도 사회적 관계를 지속적으로 유지할 수 있도록 자녀나 친척뿐만 아니라 지역사회의 관심이 필요하다.

4장

가족의 차이와
의사소통의 변화

형성된 모든 제도는 변화, 발달하며 가족 또한 생애 전 과정을 거쳐 형성되고 발달한다. 가족 생활주기 단계를 통해 전환기의 정서적 과제를 해결할 수 있으며, 변화에 적응하기 위한 발달과업이 무엇인지도 알 수 있다. 이렇게 가족의 상호작용에 초점을 두면서 가족이라는 사회체계에서 구성원들이 어떻게 의사소통하는지를 살펴본다.

1

가족 생활주기의 이해

　개인의 삶과 사회제도에 고정된 실체는 존재하지 않는다. 일단 형성된 모든 제도는 조건이 고정된 것이 아니기에 발달하며 변화한다. 가족 또한 생애 전 과정을 특별한 단계를 거쳐 형성되고 발달한다. 가족 생활주기란 가족의 변화에 중점을 두어 가족의 단순한 변화가 아닌 발달을 설명하는 개념이다. 즉 결혼, 자녀의 출산, 자녀의 독립, 빈 둥지 가족, 배우자의 죽음으로 인한 부부관계의 종단에 이르는 일련의 연속된 단계를 의미한다. 카터와 맥골드릭은[1] 은 가족을 가족 생활주기 6단계로 나누어 설명하였다. 결혼전기를 시작으로 결혼적응기, 자녀아동기, 자녀청소년기, 자녀독립기, 노년기로 구분하였고,

---

1　Carter, B. E., & McGoldrick, M. E.(1988). The changing family life cycle: A framework for family therapy. Gardner Press.

가족발달 과정의 한 단계에서 다음 단계로 넘어가는 전환기에 가족 스트레스가 심하고 진행이 방해를 받을 때 가족의 위기를 경험할 가능성이 높다고 하였다.

가족 생활주기에 따라 가족관계의 하위체계인 부부체계, 부모자녀체계, 형제자녀체계는 변화를 겪게 된다. 가족 생활주기 단계를 통해 단계에 따른 전환기의 정서적 과제를 해결할 수 있으며, 변화에 적응하기 위한 발달과업이 무엇인지도 알 수 있다.

가족 생활주기의 단계

가족 생활주기 단계	정서적 과제	적응을 위한 가족체계 발달과업
결혼전기	자신에 대한 정서적, 재정적 책임을 수용하고 부모-자녀 관계의 분리를 받아들임	① 원가족과의 관계에서 분화 ② 친밀한 이성관계의 발달 ③ 일과 경제적 독립에서 자기정체성 확립
결혼적응기	새로운 체계에 대한 적응	① 부부체계의 형성 ② 배우자가 포함되도록 확대가족 및 친구관계 정비
자녀아동기	새로운 가족성원의 수용	① 부부체계에 자녀공간 만들기 ② 부모역할 받아들이기 ③ 부모, 조부모 역할이 포함되도록 확대가족과의 관계형성
자녀청소년기	자녀의 독립과 조부모의 노화를 고려하여 가족경계의 융통성 증가	① 청소년 자녀가 가족체계에 출입이 자유롭도록 부모-자녀관계의 변화 ② 중년기 부부관계 재조정 ③ 노인세대 돌봄 준비 시작
자녀독립기	가족구성원 수의 증감 수용	① 부부체계를 이인군 관계로 조정 ② 성장한 자녀와 부모와의 관계를 성인 대 성인의 관계로 발전

노년기	역할변화의 수용	① 신체적 쇠퇴에 직면하여 자신과 부부의 기능과 관심사 유지 ② 다음 세대가 중추적 역할을 할 수 있도록 지원 ③ 배우자, 형제, 친구의 죽음에 대처하면서 자신의 죽음을 대비하며 삶을 되돌아보고 통합

*출처 : 정문자 외(2018). p.406.[2]

결혼전기에는 부모가 결혼 연령에 도달한 자녀를 독립된 객체로 수용하고자 하는 태도가 필요하다. 자녀를 키운 부모의 입장으로 자녀와 독립적 경계를 유지하는 것은 우리나라 문화에서 쉽게 받아들이지 못할 때도 있다. 특히 부모와 자녀의 위계의식을 높이 인식할수록 성인 자녀의 독립성을 인정하는 부모의 태도 수준이 낮게 나타난다. 이 단계에서 가장 주의해야 할 것은 성인 자녀의 독립적인 생활을 허용하여 이전에 자녀가 부모에게 의존적이었을 때 부모가 가졌던 힘과 제재를 점진적으로 줄이는 것이다. 본질적인 독립은 물리적 독립을 넘어 정서적 독립, 즉 정서의 분화(differentiation)를 부모-자녀 체계 사이에 유지하는 것임을 기억해야 한다.

결혼적응기는 결혼한 부부가 각자의 원가족에서 독립하여 배우자에게 적응하는 시기이다. 부부는 결혼과 함께 원가족에서 분화하여 한 가정을 책임지는 역할을 맡게 되는데, 이 과정에서 상대방에게 적응하는 과업이 부과된다. 이 시기에는 또한 새로 형성한 가족

---

2 정문자, 정혜정, 이선혜, 전영주. (2018). 『가족치료의 이해』 학지사.

에 배우자가 포함될 수 있도록 확대가족이나 친구와의 관계를 재정비해야 한다.

자녀아동기는 자녀를 출산하면서 부부가 새로운 적응위기를 경험하는 시기이다. 출산의 행복감 이면에는 부모로서의 역할수행에 따른 심리적 갈등의 경험이 있다. 이때 부부는 새로운 역할에 대한 계획을 세울 필요가 있으며, 자녀 양육과 집안일에서 협동할 수 있도록 역할을 재정비해야 한다.

자녀청소년기에는 부모와 자녀 사이의 경계를 재구성하는 데 초점을 둘 필요가 있다. 자녀에 대한 가족 안의 규정 변화뿐만 아니라 자녀의 발달과 관심의 변화에 대응하여 부모의 역할을 재조정하는 것도 필요하다. 재조정의 핵심은 부모-자녀 체계 사이 융통성 있는 경계로의 변화이다. 엄격한 부모-자녀 경계는 청소년기 자녀에게 긴장감을 주어 오히려 부모와 자녀의 원활한 의사소통이나 상호작용을 가로막는 벽으로 작용할 수 있다. 엄격한 부모의 역할은 자녀에게 심리적 안정감을 주기보다 심판자로 인식되어 갈등의 유지에 따른 체계간 긴장감을 증폭시킬 수 있다.

자녀독립기는 대학에 진학하거나 직장생활을 시작한 자녀가 부모로부터 심리적 독립을 강화하고 경제적 독립을 이루어 가는 시기다. 이 단계에서는 가족구성원이 가족체계에 들어오거나 나가는 일이 발생한다. 성장한 자녀는 부모 곁을 떠나고 부부는 부부로만 구성된 2인군 관계로 재조정된다. 이때 부모는 자녀가 결혼하고 독립적인 가정을 형성하는 일을 뒷받침해주는 역할이 중요하다. 여성의 경우 이제까지 담당했던 어머니로서의 역할이 줄어들게 되며 남성은 경제적 활동이 감소한다. 이후에는 퇴직을 준비하며 은퇴 후 계획과 생활 변화에 대한 심리적 완충 상태를 갖추어야 한다.

노년기는 이제까지 해 왔던 일자리에서 물러나는 시기이다. 퇴직 생활에 적응해야 할 뿐만 아니라 신체적으로 노쇠해지고 사회적 역할이 감소하는 삶에 적응해야 한다. 기능적 쇠퇴 과정임에도 불구하고 노년기 역시 인생발달 단계의 하나이기 때문에 사회적 관계를 통해 개인의 관심사를 유지하려는 노력이 필요하다. 노년기의 부부는 서로에 대한 의존도가 증가하는 만큼 부부 중 한 명이 사망했을 경우 남은 배우자의 적응을 위한 심리-정서적 지원에 대한 관심을 자녀와 지역사회가 함께 기울여야 한다.

2

가족체계에 따른
의사소통

가족을 체계로 살펴본다는 것은 가족원 개인의 특성보다는 가족
의 상호작용에 초점을 둔다는 의미이다. 가족이라는 사회체계에서
어떻게 의사소통하는지를 살펴보아야 하는 것은 의사소통에 내용
외에도 관계가 포함되어 있기 때문이다. 의사소통에는 단순히 제공
하는 정보뿐만 아니라 관계에 대한 진술이 함께 들어있다. 따라서
의사소통은 가족체계 안에서 상호작용을 기능적으로 돕기도 하고
반대로 역기능으로 작용하기도 하며 가족체계의 발달에 중요한 요
소로 작용한다.

가족을 하나의 체계로 볼 때 다양한 하위체계가 존재한다. 직면한
문제를 기능적으로 해결하는 가족체계 내에서는 하위체계의 구성원
이 자기 역할과 기능을 성실히 수행한다. 여기서는 웰에이징을 추구

하기 위한 가족 하위체계의 의사소통 특성이 무엇인지 부부하위체계, 부모하위체계, 부모-자녀하위체계, 형제자매하위체계로 나누어서 살펴볼 수 있다.

1) 부부하위체계

부부하위체계의 주요 과업은 협상과 조정이다. 부부간 아주 작고 사소한 일부터 크고 중대한 일에 이르기까지 매우 다양한 주제로 의사결정을 한다. 예를 들어 휴가지 선택을 두고 결정이 필요한 상황, 주말 취미활동과 시댁 방문 등 시간 활용에 갈등이 생겼을 대 이런 사안들을 적절히 조정하지 못하면 서로 불만이 쌓일 수밖에 없다. 따라서 부부하위체계에서 의사소통의 핵심은 미리 상대 모습을 판단하지 말고 있는 그대로를 받아들이는 의사소통 원리를 구현하는 것이다.

다른 하위체계로부터 방해를 받지 않기 위한 명확한 경계구분도 필요하다. 즉, 시부모나 친정부모 또는 자녀가 부부하위체계에 역기능적으로 작용하고 있다면 부부의 입장과 상황을 하위체계에 명확하게 전달하여 영향을 차단할 수 있어야 한다. 결국 부부하위체계의 기능적 핵심은 신뢰 관계를 바탕으로 일관된 태도를 유지하는 상호 협상이라고 볼 수 있다.

2) 부모하위체계

부부는 자녀를 출산함과 동시에 부모하위체계를 형성한다. 부모
하위체계에는 자녀의 발달단계에 따라 규칙을 설정하고 부모의 권
위를 적절히 사용하는 의사소통 과정이 포함된다. 자녀가 영유아기
일 때에는 자녀의 정서적 지원에 의사소통의 초점을 맞춰야 한다면,
사춘기 자녀의 경우에는 자율성을 인정하고 유연한 경계를 허용하
는 의사소통이 필요하다. 이처럼 자녀의 성장발달을 돕고 가족체계
를 기능적으로 유지하기 위해서는 발달단계에 따라 가족체계를 재
조정할 필요가 있다.

3) 부모-자녀하위체계

부모의 역할을 위해서는 자녀와의 위계적 구조에서 권위와 통제
를 활용할 필요가 있다. 부모 역할을 제대로 수행하지 못하면 적절
한 권위를 행사하지 못하여 부모 중 한 사람이 권위를 독점하거나,
부모의 권한이 자녀에게 이양되는 경우가 생긴다. 부모 같은 자녀라
는 말의 뜻은 결국 자녀가 과중한 역할을 하고 있다는 뜻이 된다. 모
두 부모-자녀하위체계 역기능을 보여주는 현상으로, 이럴 때에는
부모와 자녀의 관계를 분명하게 재정비해야 한다.

4) 형제자매하위체계

개인은 형제자매 관계를 통해 사회에서 경험할 사회적 역할을 미리 학습할 수 있다. 협력과 연합을 통해 문제를 해결하기도 하지만 때로는 경쟁의식을 바탕으로 쟁취하려는 노력도 보인다. 형제자매 하위체계에서 부모의 역할은 독립적 체계로서 명확한 경계를 유지하도록 하는 것이다.

부모는 주로 출생서열에 따라 형제자매 하위체계에의 개입의 수준을 달리한다. 이때 적절하지 못한 개입으로 오히려 형제자매 간 갈등을 부추기게 되는 결과를 초래할 때가 많다. 형제자매들이 반복적인 시행착오를 통해 나름의 질서를 유지하는 것도 가족발달 과정의 일부이기에 이를 수용하려는 노력이 필요하다.

2부

웰에이징,
몸과 마음의 건강

1장

잘 먹고 잘 움직이며
잘 자야 하는 이유

나이의 많고 적음과 관계없이 규칙적인 운동 또는 '활발한 신체활동'은 건강 증진을 위해 가장 중요한 요소이다. 규칙적인 신체활동은 전반적 건강상태를 향상시키고 질병 발생의 위험을 낮춘다. 특히 노년기에는 허약 증상이나 여러 질병 때문에 규칙적인 운동 실천이 어렵다고 생각하는 이들이 많다. 그러므로 나이가 들고 여러 가지 질병이 있을수록 더욱 적극적으로 규칙적인 신체활동을 실천함으로써 건강한 노년기를 보낼 수 있다.

1

영양관리

영양불량은 영양부족과 영양과잉을 모두 포함한다. 즉, 일부 영양소를 부족하게 섭취하는 영양부족과 필요한 양에 비해 많은 양을 섭취하는 영양과잉 둘 다 영양불량이라고 할 수 있다. 건강을 유지하려면 몸 안에서 영양소가 제대로 기능해야 하며, 다양한 영양소를 필요한 만큼 적절하게 섭취하는 것이 중요하다. 양이 부족하거나 우리 몸에서 만들어지지 않는 영양소는 식품을 통해 섭취해야 한다. 건강한 식습관을 실천하는 것이 질병의 위험도를 낮출 수 있는 가장 좋은 방법이다.

사람마다 활동량, 체질량지수, 유전적 요인 등이 다르므로 건강한 사람들의 1일 영양소 필요량도 개인마다 다르다. 국가에서는 국민건강영양조사를 통해서 국민의 건강과 영양수준을 파악하고 있다.

매년 약 1만 명을 대상으로 건강수준 및 건강에 영향을 미치는 요인들을 조사하며, 건강행태, 식품 및 영양섭취실태, 만성질환 유병현황 등을 조사한다. 2017년도 국민건강영양조사 결과에 따르면, 우리나라에서 영양소 섭취기준 대비 섭취량이 평균 미만인 영양소는 에너지, 칼슘, 비타민 A, 니아신, 비타민 C, 칼륨이 있다. 반면 나트륨은 목표 섭취량에 비해 1.5~2배가량 많다(남자는 212%, 여자는 149%). 단백질 평균 섭취량도 권장섭취량 대비 남자 160.6%, 여자 129.3% 수준이다.

우리 몸에서 만들어지지 않거나 만들어지더라도 양이 부족한 영양소는 반드시 식품을 통해 섭취해야 한다. 그러나 한 가지 식품만으로는 필수영양소를 모두 섭취할 수 없다. 곡류, 고기·생선·달걀·콩류, 우유·유제품류, 채소류, 과일류 등과 같이 비교적 식품군 전반에 걸쳐 골고루 함유된 영양소가 있고, 특정 식품에만 함유된 영양소도 있다.

우리나라에서 부족한 영양소를 위주로 살펴보면, 칼슘이 주로 들어있는 식품은 우유, 유제품, 뼈째 먹는 생선, 일부 녹색채소, 칼슘강화 식품 등이며, 곡류, 과일류, 대부분의 채소에는 칼슘이 많지 않다. 비타민 C는 채소류와 과일류에 많이 들어있다. 비타민 A는 간, 달걀, 강화 우유, 기름진 생선 등의 동물성 식품이 급원식품이다. 녹황색 채소와 과일에는 비타민 A의 전구물질이 들어 있다. 니아신은 간,

육류, 생선, 감자, 버섯류 등에 들어 있으며, 가장 좋은 급원은 생선과 육류이다. 칼륨은 다양한 식품에 들어있는데 특히 바나나, 아보카도와 같은 과일과 녹색 채소류에 많이 있다. 곡류 중에선 감자와 고구마에도 칼륨이 많이 들어 있으며, 견과류, 복숭아, 키위, 오렌지에도 상당량의 칼륨이 있다. 철은 육류와 바지락, 굴 같은 해산물에는 많이 들어 있으나 우유 및 유제품에는 함량이 매우 낮은 편이다.

모든 영양소를 매일 필요한 양만큼 섭취하는 것은 쉽지 않다. 특정 영양소의 섭취가 어떤 날에는 많을 수도 있고 다른 날에는 부족할 수도 있지만, 이것이 건강에 즉각적으로 큰 문제를 일으키지는 않는다. 그러나 사람마다 자신만의 식사습관을 가지고 있어, 식사습관에 의해서 영양소 섭취가 적절하지 못한 경우는 지속적으로 특정 영양소를 부족하게 혹은 지나치게 섭취하는 결과가 나타날 수 있다.

보건복지부는 국민의 건강하고 균형 잡힌 식생활 수칙을 제시하는 '한국인을 위한 식생활지침'을 발표하였다. 식생활지침은 건강한 식생활을 위해 일반 대중이 쉽게 이해할 수 있고 일상생활에서 실천할 수 있도록 제시하는 권장수칙이다.

(1) 매일 신선한 채소, 과일과 함께 곡류, 고기·생선·달걀·콩류, 우유·유제품을 균형 있게 먹자.

(2) 덜 짜게, 덜 달게, 덜 기름지게 먹자.

(3) 물을 충분히 마시자.

(4) 과식을 피하고, 활동량을 늘려서 건강 체중을 유지하자.

(5) 아침식사를 꼭 하자.

(6) 음식은 위생적으로, 필요한 만큼만 마련하자.

(7) 음식을 먹을 때엔 각자 덜어 먹기를 실천하자.

(8) 술은 절제하자.

(9) 우리 지역 식재료와 환경을 생각하는 식생활을 즐기자.

이 중 (1), (2), (3)번은 식품 및 영양섭취와 관련한 지침으로 만성질환을 예방하기 위한 균형 있는 식품 섭취, 채소·과일 섭취 권장, 나트륨, 당류, 포화지방산 섭취 줄이기 등을 강조한다. 우리나라 국민의 과일·채소 섭취율은 감소 추세이고, 나트륨 과다 섭취와 어린이의 당류 과다 섭취가 지속적으로 문제가 되고 있어 만성질환의 예방을 위한 식생활 개선이 필요하다. 만성질환 예방관리를 위해서는 과일·채소을 권고 섭취기준인 1일 500g 이상을 섭취해야하는데 우리나라는 2015년 이후로 감소하는 추세에 있다. 특히 청장년의 과일·채소류 섭취량이 부족하다.

「2020 한국인 영양소 섭취기준」은 19세~64세 성인의 '나트륨 만성질환 위험감소 섭취량'을 2,300mg/일로 제시하였으나, 한국인의 평균 나트륨 섭취량은 3,289mg/일로 높은 수준이다. 당류의 경우유·청소년의 첨가당 섭취량이 세계보건기구 권고기준을 초과하여 관리가 필요하다. 이에 식약처에서는 「나트륨·당류 저감화 추진 방안」을 발표하여 나트륨과 당류 섭취에 대한 목표를 제시하고 있다. 목표 달성을 위한 방안으로 영양표시 의무 대상 가공식품을 확대하고, 나트륨·당류 저감식단을 개발하며, 건강한 식생활 실천을 위해 인식교육 강화 등을 추진할 계획이다. 한편, 한국영양학회에 따르면 물을 충분하게 섭취하는 비율은 2015년 42.7%에서 2018년 39.6%로 감소하고 있다. 수분은 체온 조절 등의 인체 항상성 및 생명의 유지를 위해 반드시 필요하기 때문에 충분한 섭취가 요구된다.

(4), (5), (8)번은 식생활 습관 관련 지침으로 과식을 피하고, 신체활동을 늘리고, 아침식사를 챙기되 술을 절제하는 등 비만을 예방할 수 있는 수칙들을 제시하였다. 우리나라 성인 비만율과 아동 및 청소년 비만율은 꾸준히 증가 추세이며, 2019년 성인 남성 10명 중 4명은 비만으로 보고되었다. 반면에 신체활동 실천율과 아침식사 결식율 및 고위험 음주율 등은 개선되지 않아 지속적인 관리가 필요한 상황이다. 비만은 발병 이전에 예방하고 관리하는 것이 가장 효과적인 대책이며 올바른 식습관과 적절한 신체활동이 필요하다. 이에 정부는 올바른 식습관을 형성하고, 신체활동을 활성화하며, 국민의 인식을 개선하는 주요 전략으로 범부처 합동 「국가 비만관리 종합대책」을 마련하여 추진하고 있다. 특히 보건복지부는 코로나 19로 인

한 새로운 일상 속에서 건강한 생활을 하기 위해서 쉽게 실천할 수 있는 「코로나19 건강생활수칙」, 「한국인을 위한 걷기 가이드라인」을 마련하여 국민들에게 안내하고 있다.

(6), (7), (9)번은 식생활문화 관련 지침으로 코로나 19 이후 위생적인 식생활이 정착되고, 지역 농산물 활용을 통한 지역경제 선순환 및 환경보호 방안을 제시하였다. 우리나라의 음식물류 폐기물 배출량은 증가 추세이며, 코로나 19로 인해 위생적인 식습관 문화를 정착시키려는 필요성과 당위성이 더욱 커진 상황이다. 정부는 '식사문화 개선 추진 방안'을 세워 식사문화의 인식 전환을 꾀하고 있다. 농식품부와 식약처는 음식 덜어 먹기 확산을 위해 '덜어요' 캠페인을 실시하고 있으며, 식약처는 남은 음식 싸주기 등 음식물쓰레기를 줄이기 위한 운동을 음식문화 개선사업의 일환으로 추진하고 있다. 농식품부는 해당 지역에서 생산된 농산물을 기반으로 지역 푸드플랜을 실행하여 지역경제 활성화와 신선한 먹거리 제공 및 푸드 마일리지 감소 등을 통해 환경보호를 추구하고 있다.

균형 잡힌 식사를 하는 방법은 적당한 칼로리를 섭취하여 표준체중을 유지하는 것이다. 탄수화물, 지방, 단백질은 적절하게 섭취하고, 칼슘, 식이섬유, 단백질은 충분히 섭취하며, 염분과 가당 음료는 섭취를 줄여야 한다. 또한 곡류, 고기·생선·달걀·콩류, 우유·유제품, 채소류, 과일류의 5가지 식품군을 골고루 섭취하고, 충분한 수분섭취와 신체활동을 한다.

균형 잡힌 식사란 우리 몸에 필요한 필수 영양소가 골고루 들어 있고, 양이 적당한 식사이다. 편향된 식습관은 건강에 위험을 초래하기 때문에 건강한 신체를 유지하기 위해서는 균형 잡힌 영양소 섭취가 필수적이다. 균형 잡힌 영양소를 섭취하려면 식품군별로 넘치거나 부족하지 않게 적정량을 섭취하는 것이 중요하다.

균형 잡힌 식사 방법은 적당한 칼로리 섭취로 표준체중을 유지하는 것이다. 개인이 적정수준의 칼로리를 섭취함으로써 적정체중을 유지하는 것이 무엇보다 중요하다. 필요한 칼로리보다 많이 섭취하는 경우에는 비만이 되지만 반대로 부족할 경우에는 근육 등의 손실이 일어나 체중이 빠지고 체력도 약해진다.

탄수화물, 단백질, 지방을 알맞은 비율로 섭취하는 것도 필요하다. 국민의 건강을 증진하고 질병을 예방 하기 위해 칼로리와 각 영양소의 알맞은 섭취량을 나타낸 한국인 영양소 섭취기준에 의하면 탄수화물은 55~65%, 단백질은 7~20%, 지방은 15~30% 섭취하도록 권고하고 있다. 우리나라의 경우에는 50세 이상에서 탄수화물 섭취비율이 높고, 65세 이상에서 지방 섭취비율이 낮은 편이다.

단백질은 모든 연령대에서 새로운 조직을 발달시키고 성장과 건강을 유지하는 데 필수적인 영양소이기 때문에 충분히 섭취는 것이 좋다. 따라서 고기, 생선, 콩, 달걀 등의 질 좋은 단백질 식품을 다른 식품과 함께 골고루 섭취함으로써 단백질 섭취를 충분하게 하는 것이 중요하다.

소금의 성분인 나트륨은 체내대사에 반드시 필요한 무기질이다. 그러나 소금이 많이 들어간 음식은 위장관의 점막 손상과 고혈압을 유발하고, 여러 만성질환의 요인이 된다. 나트륨이 많이 함유된 식품은 소금, 고추장, 된장, 간장 등의 장류, 젓갈, 장아찌류, 화학조미료, 햄, 소시지, 어묵류 등이다. 조리 시 추가되는 소금, 고추장, 된장, 간장 등 장류의 사용을 줄이고, 김치, 장아찌류, 햄, 소시지 등의 가공식품 선택을 줄이는 것이 필요하며, 국물 섭취를 되도록 제한하는 것이 도움이 된다.

식이섬유가 풍부한 식사를 하는 것이 중요한데, 식이섬유는 대장암, 게실증, 변비, 담석증, 이상지질혈증 등의 치료 효과를 높여 주는 것으로 알려져 있음에도 현대인들에게는 섭취가 부족하다. 우리나라 성인의 식이섬유 섭취량은 남자 25g, 여자 20g으로 설정되어 있다. 우리나라 사람의 식이섬유 섭취가 전반적으로는 부족하지는 않지만 특히 30세 미만과 75세 이상의 고령층에서 충분 섭취량보다 부족한 것으로 나타났다. 식이섬유는 채소, 과일, 잡곡, 콩류, 해조류 등에 많이 포함되어 있기 때문에 이를 충분히 섭취해야 한다. 식이섬유를 충분히 섭취하기 위해서는 쌀밥보다는 잡곡밥을, 과일은 주스보다는 생과일로 섭취하도록 하며, 채소 반찬은 끼니마다 2가지 이상 꼭 섭취하도록 한다.

칼슘은 치아와 골격을 구성하고 신경 자극전달, 혈액응고, 호르몬 분비 등 다양한 기능을 담당하고 있다. 특히 여성들은 칼슘이 부족한 경우 폐경기 이후에 골다공증에 걸리기가 쉽다. 2017년 국민건강영양조사 결과에 따르면, 성인의 칼슘 섭취는 남자는 권장량의 71.7%, 여자는 63.8%로 부족한 섭취를 나타내고 있다. 따라서 칼슘이 풍부한 식사를 하는 것이 필요하다. 충분한 칼슘 섭취를 위해서는 우유나 유제품을 매일 섭취한다. 우유를 소화시키지 못하는 경우 유당분해 우유, 요구르트와 같은 발효유, 치즈를 섭취하는 것이 바람직하다. 저지방우유는 일반 우유에 비해서 포화지방이나 콜레스테롤 함유량이 적으므로 비만이나 심혈관질환이 있는 경우에 추천할 만하다.

가당 음료를 줄이는 것도 균형 잡힌 식사방법 중 하나인데, 세계보건기구에서는 당류는 하루 섭취하는 칼로리의 10%(50g 이내) 이하로 섭취할 것을 권장하고 있다. 우리나라 국민의 하루 당류 섭취량은 매년 증가하고 있으며, 당류의 주요 급원식품 중 가공식품의 섭취량(59.7%)이 가장 높은 것으로 나타났다. 우리나라 가공식품 중에는 음료류를 통한 당류 섭취가 가장 많으며 해마다 섭취량이 늘고 있다. 당분이 함유된 가당 음료로는 탄산음료, 커피, 비타민음료, 에너지음료 등 다양한 종류가 있다. 매일 가당 음료를 1잔~2잔씩 섭취하면 당뇨병 발생위험은 26%, 대사 증후군 발생위험은 20% 정도 증가한다. 6세~29세는 탄산음료, 30세 이상은 당이 첨가된 커피를 통해 당을 많이 섭취하는 것으로 보고되었다. 따라서 당분 함량이 높은 탄산음료와 가당 커피, 가공우유의 섭취는 피하고 가당 음료 대신 물을 많이 마시는 것을 권장한다.

수면과 휴식

1) 잠(수면)

인간에게 수면(睡眠), 곧 잠을 자는 일은 매우 긴요하다. 하루 24시간 중 수면 시간을 6시간으로만 가정해도 인생의 4분의 1 이상은 잠을 자는 것이기 때문이다. 보다 정확하게 말하자면 잠은 우리 삶의 약 1/3을 차지한다. 일반적으로 잠을 자는 동안에는 소리나 움직임이 거의 없고, 주변 자극에 대한 반응이 크게 떨어진다. 겉으로는 굉장히 수동적인 상태로 보이지만, 잠을 자는 동안 사람의 몸 안에서는 체내 기능을 유지하기 위해 복잡하고 역동적인 변화가 일어난다. 인간은 잠을 자면서 낮 동안 소모되고 손상된 신체와 근육의 기능을 회복하고, 생체 에너지를 효율적으로 관리하며 재생한다. 우리는 잠이라는 특별한 과정을 겪으며 피로에서 회복되고, 뇌, 심혈관, 호흡, 위장관, 면역, 대사, 내분비, 성 기능 등의 생체 기능을 안정적인 상태로 유지할 수 있게 된다.

잠은 학습과 기억, 감정 조절에서도 매우 중요한 역할을 한다. 낮에 학습한 정보는 자는 동안 재정리되어 중요한 정보는 장기 기억으로 전환된다. 한편, 불필요한 감정과 기억은 정화되어 아침에 상쾌한 기분을 갖도록 해주며, 정보를 새로 학습할 수 있도록 신경세포 기능도 회복된다.

이처럼 잠을 자는 시간은 사람이 삶을 살아가는 데 가장 기본적이고 중요한 기능을 하는 시간이다. 잠을 충분히 자는 것은 각종 정신·신체질환을 예방하고, 아동 청소년의 건강한 성장 발달에 중요하다. 충분한 수면은 뇌 속 유해한 화학물질과 독소를 없애고, 주의력과 집중력을 높이며, 심장마비, 뇌졸중, 당뇨, 비만 등의 질병 가능성을 낮추고, 스트레스에 대처할 힘을 제공하여 정신적 에너지를 충만하게 한다. 숙면에 대한 이러한 이점들을 고려할 때 수면장애를 극복하고 숙면을 취하는 데 필요한 정보는 신체적, 정신적인 건강 유지와 삶의 질 고양에 중요한 지식임에 틀림없다. 수면장애를 극복하고 숙면을 취하는 데 도움이 되는 방법은 음식, 호흡법, 음악 및 환경 등 다양하다.

잠은 우리 몸 안에서 일정한 잠을 유지하려는 힘을 통해 조절된다고 한다. 오케스트라 단원들이 지휘에 맞춰 자신의 소리를 연주하여 풍성한 하모니를 만들어내듯이, 우리 몸에도 지휘자 역할을 하는 중추시계가 뇌 속에 위치하고, 오케스트라 역할을 하는 말초시계가 온몸 안에 위치한다. 중추시계가 24시간을 주기로 유전자 발현과 호르몬 분비, 단백질 합성, 체온을 정교하게 조절함으로써 수면-각성 주기뿐 아니라 생체 기능을 지구의 24시간 주기에 맞게 조율한다. 이때 지구의 시간 정보를 중추시계에 전달하는 데 가장 중요한 역할을 하는 것이 빛이다. 수면 유도 호르몬은 빛이 감소하는 밤 사이에 증가하고, 빛이 많아지는 아침 이후에는 감소한다.

수면 시간은 사람마다 다르다. 미국 국립수면연구재단이 발표한 연령별 권장 수면 시간을 보면 취학연령의 아동은 하루 9시간~11시간, 10대 청소년은 8시간~10시간, 청년 및 성인은 하루 7시간~9시간의 수면이 권장된다. 그러나 개인에 따라 요구되는 최소 수면 시간은 각각 다르다. 개인에게 필요한 최소 수면 시간은 다음 날 자신이 피곤하지 않은 상태로 일상적인 활동을 할 수 있는 정도의 수면 시간이다. 어떤 사람은 4시간만 자도 무리 없이 일상생활을 할 수 있는가 하면, 어떤 사람은 10시간 이상 수면 시간을 확보해야 제대로 생활할 수 있다. 4시간~5시간 정도만 자고도 낮 동안의 일생생활에 문제가 없을 때는 일부러 수면 시간을 늘릴 필요는 없다.

불면증으로 낮에 활동하는 데 지장이 있다면 20분~30분의 짧은 시간 동안 낮잠을 자는 것이 도움이 될 수 있다. 우리 몸의 생체시계는 적절한 빛의 자극을 통해 지구의 하루 주기에 맞춰 유지되어야 각종 생체 기능을 건강하게 조율할 수 있다. 밤낮이 바뀐 상태로 생활하거나 지나치게 늦게 자고 늦게 일어난다면 생체시계가 정상적으로 작동하기 어려우며, 각종 신체직, 정서적 문제가 발생할 위험이 높아진다. 특히 청소년은 수면 부족일 때 우울지수나 자살충동이 2배 정도 높아진다는 연구결과가 있다. 만성 피로로 인해 체내 면역력도 떨어지고, 스트레스 호르몬 분비를 늘려 뇌 기능을 저하시키고 집중력, 기억력, 정보처리 능력 등을 떨어뜨리며, 소아비만 및 ADHD가 증가하는 원인이 되기도 한다.

 잠은 잠을 자는 동안의 빠른 눈 운동(rapid eye movement, REM)의 유무에 따라 렘(REM)수면과 비(非)렘수면으로 구분하고, 두 가지 잠의 상태에 따라서 몸의 변화도 다르다. 비렘수면은 수면 깊이에 따라 1단계~3단계 수면으로 나뉘고, 대부분의 생리적 기능의 활성이 저하된다. 일반적으로는 잠이 막 들었을 때가 1단계 수면 상태이고, 2단계, 3단계의 깊은 잠으로 들어간다. 2, 3단계의 깊은 잠을 충분히 자는 것은 신체기능을 회복하는 데 매우 중요하다. 렘수면은 꿈을 많이 꾸는 상태로, 주로 수면 후반부인 새벽에 많이 나타난다. 렘수면 동안에는 혈압, 호흡, 심장박동 등이 깨어 있을 때와 비슷한 정도로 항진되며, 근육은 이완되어 정상적인 경우에는 움직임이 나타나지 않는다. 잠을 자는 동안 비렘수면과 렘수면은 약 90분~120분의 주기로 반복되어, 정상적으로는 약 5회 정도의 주기를 하룻밤에 가지게 된다.

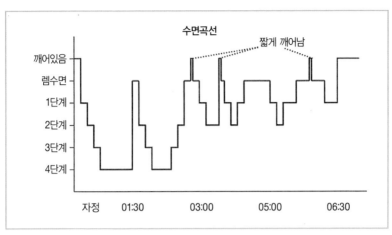

잠의 상태를 나타내는 수면곡선

*출처 : 위키피디아

2) 불면증(수면장애)

잠은 이처럼 중요하지만 우리는 제대로 잠들지 못하는 날이 많다. 나날의 일상에서 깊은 잠, 편안한 잠, 충분한 잠을 실행할 수 있는 사람들은 지극히 적다. 대부분의 사람들은 불가피하게 얕은 잠, 불안한 잠, 불충분한 잠을 수용할 수밖에 없다. 아마도 사는 게 바쁘고, 할 일이 많고, 목구멍이 포도청이어서 그럴 것이다.

급속한 사회 발전과 함께 스트레스는 수면에 많은 영향을 준다. 수면이 정신과 신체에 미치는 영향과 숙면의 효과에 대한 연구결과가 발표되면서 수면은 쓸모없는 시간 낭비나 게으름의 상징이 아니며, 잠을 줄여야 입시에 합격하거나 성공할 수 있다는 수면에 대한 왜곡된 시각이 교정되고 있다. 허핑턴 포스트의 창립자 아리아나 허핑턴은 단기간에 엄청난 성공을 이루면서 과로와 수면 부족으로 사무실에서 쓰러졌을 때, 사업도 안정과 균형을 이루어 가는데, 왜 항상 불안하고 피로하며 스트레스 속에서 살아야 하는지 자문하면서 건강치 못한 삶의 원인을 수면 부족에서 찾았고 그 뒤에는 수면 전도사가 되었다고 한다.

불면증은 잠들기 어려운 입면 장애와 잠에는 들지만 너무 일찍 깨어나거나 자는 도중 자주 깨는 수면 유지 장애를 말한다. 밤에 충분히 잠을 자지 못해 수면 부족 상태가 되면 낮 동안 피로감, 졸음, 의욕 상실 등이 초래되어 일상생활에 지장을 주고, 삶의 질이 감소한다. 잠드는 것이 힘들거나 수면 도중 깨어나 다시 잠들기 어려운 불면증에 시달리는 사람들을 우리 주변에서도 흔히 볼 수 있다. 한국보건사회연구원의 연구결과에 따르면, 우리나라 성인을 대상으로 한 연구에서 불면증을 경험한 적이 있다고 응답한 대상자가 73.4%로 높게 조사되었다. 우리나라 전체 인구의 10%는 만성적인 불면증으로 정신적·육체적 고통을 겪고 있다고 한다.

불면증은 평소 잠자는 습관이나 시간이 불규칙한 사람에게 발생하기 쉬우며, 심리적인 스트레스와 환경 변화를 겪으면서 증상이 악화된다. 불면증 자체를 지나치게 걱정하는 경우에도 신경계가 긴장하여 증상이 심해질 수 있다. 일시적인 불면증의 흔한 원인으로는

건강보험 수면장애 연령대별 진료인원

< 2018년 건강보험 '수면장애' 연령대별 진료인원 >

(단위: 명)

연령대	전체	5세미만	5~9세	10~14세	15~19세	20~24세	25~29세	30~34세
진료인원	568,067	668	862	694	4,117	11,800	18,771	24,371
10만명당 진료인원	1,112	34	37	31	152	348	534	735

연령대	35~39세	40~44세	45~49세	50~54세	55~59세	60~64세	65~69세	70세이상
진료인원	34,887	35,936	46,250	53,423	65,371	61,807	52,331	156,779
10만명당 진료인원	843	918	1,021	1,266	1,536	1,787	2,270	3,275

*출처 : 건강보험공단

여행으로 인한 시차, 이사, 입원, 새로운 직장(일) 등 규칙적인 생활 리듬 변경과 연결된다. 이 경우는 대부분 며칠이 지나면 좋아진다. 만성질환이 있는 경우 불면증에 통증, 두통, 호흡곤란 등의 증상이 동반될 수 있다. 우울이나 불안 등의 심리적인 문제도 불면증에 악영향을 줄 수 있다. 수면제 복용 기간이 오래되었을 때에도 수면 단계가 변해 불면증이 심해질 수 있다. 각성제, 스테로이드제, 항우울

제, 교감신경 차단제 등 약물이나 지나친 음주, 카페인이 많이 함유
된 커피도 불면증의 원인이다. 이밖에도 코골이(수면무호흡증), 주기적
사지 운동증(수면 중에 다리나 팔에 경련이 생기는 질환), 하지불안 증후군
(잠들기 전에 다리에 불편한 감각 증상이 생기는 질환) 등이 불면증에 동반될
수 있다.

불면증의 흔한 원인은 잘못된 수면 습관이다. 따라서 잘못된 수면
습관을 수정하여 건강한 수면이 되도록 수면 위생을 잘 지키는 것이
필요하다. 수면 위생을 위한 수칙은 다음과 같다. 밤에 충분히 자지
못해 낮에 낮잠을 자게 되면 밤에 잠을 다시 못 자게 되는 악순환이
일어나므로 되도록 낮잠을 자지 않는 것이 좋다. 또한 잠자리에 눕
는 시간을 일정하게 한다. 예를 들어 수면 시간을 8시간으로 결정했
다면 잠을 잘 잤는지 여부와 관계없이 침대에 눕기 시작한 순간부터
8시간이 지났을 때 일어나야 한다. 잠자리에 누웠는데 10분 이상 잠
이 들지 않는다면 일어나서 침대 밖으로 나와 잠이 올 때까지 단순
한 작업을 하면서 기다린다. 침대는 오직 잠을 자기 위해서만 이용
하고 다른 일을 하거나 생각하기 위해 침대에 눕는 것은 피한다. 주
말이나 쉬는 날에도 일어나는 시간을 일정하게 한다. 밤에 깨더라도
시계를 보지 않는다. 매일 규칙적으로 운동을 하며 저녁 늦은 시간
에는 운동을 하지 않는다. 잠자리에 들기 2시간 전에는 따뜻한 물로
샤워를 하면 잠드는데 도움이 될 수 있다. 수면을 방해하는 커피, 홍
차, 콜라, 술, 담배 등을 피한다. 공복감도 잠들기 어려운 원인이 되

기 때문에 우유를 따뜻하게 데워 마시면 도움이 된다.

수면제는 비약물 치료에 반응이 없는 경우, 낮 동안 일상생활에 지장이 있는 경우, 잠을 못 잘까 걱정되어 불안감이 증가해 불면증이 오래 지속될 가능성이 있을 때 복용할 수 있다. 물론 가능하면 소량으로 단기간 복용해야 한다. 새로운 일을 시작하는 등의 환경 변화와 심리적인 스트레스로 불면증이 일시적으로 생겼을 경우에는 초기에 수면제를 사용하면 증상 호전에 도움이 될 수 있다. 또한 밤에 잠을 제대로 자지 못해 낮에 졸리거나 일상생활에 지장이 있는 정도라면 일정 기간 동안 수면제를 복용할 수 있다. 그러나 수면제를 너무 오래 복용할 경우에는 의존성이나 내성이 생길 수 있고, 불면증이 오히려 심해지는 경우도 있으므로 주의해야 한다. 수면제는 의사와 상담 후 처방받아 복용하는 것이 좋다. 수면제 종류별로 수면을 지속시킬 수 있는 시간, 복용 시작 시간, 낮 동안의 진정 효과, 이상 반응 등이 다양하기 때문에 불면증의 원인과 유형, 수면제의 약리학적 특성을 동시에 고려하여 복용해야 한다.

노년기가 되면 하루 생활주기의 생체리듬이 변하게 되고, 특히 수면과 각성의 리듬이 변한다. 생체리듬이 앞당겨져, 밤에 일찍 자고 아침에 일찍 깨는 변화가 생긴다. 밤에 잠자려고 누워도 잠드는 데 시간이 많이 걸리며, 수면 효율 또한 감소하여 정상적인 깊은 잠의 80%~85%밖에 못 자면서 중간에 일찍 깨는 경우가 많아진다. 약 50% 정도의 노인에게 불면증이 있는 것으로 알려져 있다. 그중에서 잠들기 어려운 경우가 37%, 수면 중에 깨는 경우가 29%, 아침에 일찍 깨는 경우가 19% 정도이며, 약 20% 정도는 낮에도 졸림을 호소한다. 대개 65세 이상인 경우 평균 90분 정도 잠자는 시간이 앞당겨진다. 실제로 노인의 경우 밤잠은 줄어들게 된다. 나이가 들수록 깊은 잠이 줄어들고, 자주 깨는 경향이 있어 이러한 영향으로 인해 낮잠이 늘어난다. 이처럼 노년기에는 생리 변화로 숙면이 어려워지고, 수면 리듬이 앞당겨지게 된다.

그러나 수면의 변화가 일상생활에 크게 지장을 줄 정도라면 치료를 통해 도움을 받아야 한다. 노년기 불면증의 큰 특징은 젊은 성인에 비해 신체질환이나 정신질환에 동반된 이차적 불면증이 많다는 것이다. 노년기는 건강한 수면을 통해서 치매, 우울증 등을 예방하고, 신체적 건강을 증진시킬 수 있다. 따라서 노년기라고 해서 "나이가 많으면 원래 잠을 못 자는 거야"라고 넘어가서는 안 되며, 병원을 방문하여 정확한 원인을 알고 그에 맞는 치료를 해야 한다. 괜찮겠지 하고 그냥 방치하면 불면증의 원인이 되는 신체질환이나 정신질환에 대해 적절한 치료가 늦어질 수 있기 때문이다.

현대인의 수면을 방해하는 대표적인 요소로는 불편한 근로환경이 있다. 「근로환경이 근로자의 수면 건강에 미치는 영향 연구」에 따르면 수면 상태에서 성별 간의 차이는 작았고 50대와 60대에서 수면 상태의 불안정함이 커졌다. 또한 연구 대상자의 근로환경을 직속 상관의 태도, 근무 형태, 신체적 노동, 정신적 노동, 하루 평균 근무 시간, 출퇴근 시간 등 6가지 특성으로 구분하여 분석한 결과, 임금 근로자의 수면 건강에 미치는 영향력은 신체적 노동, 근무 형태, 직속 상관의 태도 등의 순서로 크게 나타났다. 신체적 노동과 직속 상관의 태도, 정신적 노동의 경우 긍정보다 보통일 때, 근무 형태의 경우 일정한 패턴을 보이지 않을 때 수면 상태가 불안정할 확률이 커졌다. 하루 평균 근무 시간의 경우 8시간 미만보다 8시간일 때, 출퇴근 시간이 늘어날 때일수록 불안정한 수면 상태가 되었다.

우리는 위의 연구를 참조하여 수면 건강에 바람직한 근로환경을 다음과 같이 추출할 수 있을 것이다. 하루의 근무 시간이 같고 매주 근무 일수가 동일하며 출퇴근 시각이 정해져 있을 때, 곧 근무 형태가 일정할 때에 더 건강한 수면이 가능해진다. 하루 평균 근무 시간은 8시간을 기준으로 할 때 8시간 미만인 경우에 수면 건강에 적합하다고 판단된다. 출퇴근 시간 역시 30분 미만부터 120분 이상까지 중 가급적이면 30분 미만을 지향하고 120분 이상은 피하는 게 수면 건강에 바람직할 것으로 보인다. 그리고 직속 상관의 태도가 좋을 때, 곧 임금 근로자와 직속 상관과의 관계가 긍정적일 때에 건강한 수면을 취할 수 있음을 기억하자.

불면증은 적어도 한 달 이상 잠들기 어렵거나 잠을 유지하는 데 어려움이 있고, 그로 인해 낮 동안의 피로감으로 일상생활에 어려움이 있을 때 진단한다. 불면증을 진단하기 위해서는 수면일기를 통해 본인의 수면 습관을 확인하는 것이 필요하다. 수면일기란 수면과 관련된 모든 상황을 일기 형식으로 쓰는 것이다. 잠자리에 눕는 시간, 잠이 든 시간, 잠에서 깨는 시간과 횟수, 전체 수면 시간, 일어나는 시간, 낮잠 등을 기록한다. 수면일기를 작성하면서 잘못된 수면 습관도 확인할 수 있고, 함께 자는 동거인에게 수면 중의 자신의 행동에 대해 물어보는 것도 도움이 된다. 현재 복용 중인 약물에 불면증을 일으키는 각성제, 항우울제, 교감신경 차단제, 스테로이드제 등이 있는지 확인한다.

그 밖의 원인 진단을 위해서는 하루 정도 수면을 취하면서 뇌파 검사, 심전도 검사, 근전도 검사 등을 받는 것이 도움이 될 수 있다. 곧 수면 무호흡증, 수면장애, 기면증, 불면증 등 심각한 수면 관련 질환이 있을 때에는 수면다원검사(Polysomnography)를 실시하는 것도 좋은 방법이다. 수면다원검사는 수면장애를 진단하기 위한 검사로서, 수면 중 뇌파와 안구운동, 근육의 움직임과 호흡, 심전도 등을 종합적으로 측정하고 수면 상태를 비디오에 녹화한다. 편안하게 시행할 수 있는 안전한 검사로서 수면뿐만 아니라 수면 중에 발생하는 다양한 신체기능도 검사할 수 있다는 점에서 수면다원검사는 불안한 잠에 시달리는 많은 이들에게 큰 도움을 줄 것이다.

두통과 같은 통증 질환, 관절염, 호흡곤란이 있는 심폐질환, 전립선비대증 등이 있는 경우에도 잠을 자다가 자주 깨기 때문에 해당 질환을 치료하는 것이 먼저이다. 불안증이나 우울증도 불면증의 중요한 원인이 되므로 잘 평가하고 치료해야 한다. 코골이, 하지불안

증후군, 주기적 사지 운동증 등이 불면증과 함께 있다면 이에 대한 치료도 같이 진행해야 한다.

3) 숙면을 취하기 위한 방법

불면증의 주요 원인은 수면 습관이 잘못되었기 때문이다. 잘못된 수면 습관을 교정하여 건강하게 수면을 취할 수 있도록 수면 위생을 잘 지키는 것이 필요하다. 수면 위생을 위한 수칙은 다음과 같다.

(1) 낮잠을 피한다. 밤에 충분히 자지 못하여 낮에 피곤하고 졸려서 낮잠을 자게 되면 밤에 잠을 못 자게 되는 악순환이 일어나므로 낮잠을 자지 않는 것이 좋다.

(2) 잠자리에 누워 있는 시간을 일정하게 한다. 예를 들어 수면 시간을 8시간으로 결정했으면 잠을 잤는지의 여부와 관계없이 침대에 눕기 시작한 순간부터 8시간이 지나면 일어나서 침대를 떠나야 한다.

(3) 잠자리에 누워서 10분 이상 잠이 들지 않으면 일어나서 침대 밖으로 나와 단순한 작업을 하면서 잠이 올 때까지 기다린다. 이때 TV를 보는 것보다는 책을 읽는 것이 좋다.

(4) 침대는 오로지 잠을 자기 위해서만 사용하고 다른 일을 하거

나 생각하기 위해 침대에 눕는 것을 피한다.

(5) 주말이나 휴일에도 일어나는 시간을 일정하게 한다. 주중에 수면이 부족했다고 해서 주말에 늦잠을 자지 않도록 한다.

(6) 밤에 깨더라도 시계를 보지 않는다.

(7) 매일 규칙적으로 운동을 하고 저녁 늦은 시간에는 운동을 하지 않는 것이 좋다.

(8) 잠자리에 들기 약 2시간 전에 따뜻한 물로 목욕을 하면 잠이 드는 데 도움이 된다.

(9) 수면을 방해하는 담배, 커피, 홍차, 콜라, 술 등을 피한다. 술은 잠을 잘 들게 하는 효과도 있지만, 잠에서 쉽게 깨고 한번 깬 후에는 다시 잠들기 어려우므로 불면증이 있을 경우 음주는 피해야 한다.

(10) 배고픈 느낌인 공복감도 잠들기 어려운 원인이 되므로 우유 등을 따뜻하게 데워서 마시면 도움이 된다.

3

신체활동 및 운동

나이의 많고 적음과 관계없이 규칙적인 운동, 또는 조금 더 넓은 의미에서 '활발한 신체활동'은 건강 증진을 위해 가장 중요한 요소 중 하나이다. 지난 수십 년 간의 연구결과에 따르면 신체적으로 활동적인 사람들은 그렇지 못한 사람들에 비해 더 오래 살며, 노년기에는 일상생활에서 남의 도움을 받아 살아가는 기능의존의 위험도 감소한다. 이처럼 규칙적인 신체활동이 전반적 건강상태를 향상시키고 질병 발생의 위험을 낮춘다는 사실은 이미 잘 알려져 있으나, 실제로 규칙적인 운동을 실천하는 사람은 많지 않다. 특히 노년기에는 허약 증상이나 여러 가지 질병 때문에 규칙적인 운동 실천이 어렵다고 생각하는 이들이 많다. 그러나 나이가 들고 여러 가지 질병이 있을수록 더욱 적극적으로 규칙적인 신체활동을 실천함으로써

생애주기별 생활체육 참여율

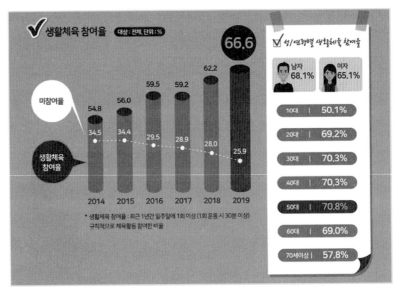

*출처 : 문화체육관광부 2019 국민생활체육조사 보고서

건강한 노년기를 보낼 수 있음을 기억해야 한다.

우리나라 국민들의 생활체육 참여율은 2019년 66.6%로 2018년 62.2%에서 4.4%가 증가했다. 연령별로는 10대가 50.1%로 가장 낮은 참여를 보였는데, 학교와 학원 등에서 보내는 시간이 많아 생활체육에 참여할 여유가 많지 않았을 것으로 보인다. 20대는 69.2%, 30대 ~40대는 70.3%를 나타냈다. 50대는 70.8%로 가장 많은 생활체육 참여율을 보였다. 이는 점차 만성질환과 체력적인 우려가 커지는 50대의 특성이 반영된 것으로 보인다. 60대는 69.0%, 70대 이상은 57.8%의 수치를 기록했다.

주의 깊게 살펴볼 점은 10대 청소년들의 생활체육 참여율이 가장 낮다는 점이다. 청소년들이 학교생활과 학업 등으로 생활체육을 즐기기 어려운 상황이긴 하지만 체육 시간이나 주말 등을 활용해 신체활동을 즐길 수 있도록 노력함으로써 장기적인 건강과 학업 스트레스가 해소될 것으로 보인다. 그 밖에도 70대 이상의 연령대에서는 체력저하 등의 이유로 생활체육을 즐기는 것이 어려운 경우가 많기 때문에 이러한 노년층을 위해 안전한 체육프로그램 개발 및 건강을 유지·회복하는 것에 도움이 되는 체조를 보급하는 등의 대책과, 걷기 운동을 가장 많이 하는 70대 이상의 노년층을 위해 걷기 코스 개발 등의 인프라 마련도 필요하다.

1) 건강에 미치는 영향

과학기술이 발달한 현대사회에서는 신체활동의 필요성에 대한 인식과 신체활동의 참여기회가 줄어들고 있고, 이와 같은 신체활동의 부족은 비만이나 만성질환의 원인이 된다. 신체활동 부족과 관련된 질환에는 고혈압, 심혈관계 질환, 골다공증, 제2형 당뇨, 그리고 일부 암이 포함된다는 연구결과가 있다.

2018년 국민건강통계에 따르면 성인의 유산소 신체활동 실천율은 남성이 51%, 여성이 44%이며, 수년째 감소 추세에 있다. 근력운동 실천율은 신체활동보다 더 낮고 남성이 31%, 여성이 14%로 확인되어, 우리나라 국민 대부분은 신체활동량이 부족한 것으로 나타났다. 특히 고혈압, 고지혈증, 당뇨병 및 대사증후군 등의 만성질환을 앓고 있는 경우 신체활동 참여도가 더 낮은 것으로 나타나고 있다.

신체활동 부족과 관련 있는 만성질환은 최근 젊은 연령층에서도 나타나고 있기 때문에 모든 연령대에서 건강한 삶을 살기 위해 신체활동에 관심을 갖고 규칙적으로 실천해야 한다. 걷기, 자전거타기, 기타 스포츠 참여와 같은 규칙적 신체활동은 건강에 상당한 효과가 있어 심혈관 질환 및 당뇨병 등을 감소시킬 수 있다. 또한 골절 위험을 줄이고 체중관리를 돕는다. 신체활동은 보통 신체적 건강상의 이익이 있지만, 그것만이 신체활동을 하는 이유는 아니다. 신체활동은 사람들에게 즐거움을 주고, 친구나 가족들과 함께할 수 있도록 도와주며, 야외활동을 즐길 수 있도록 이끈다.

2) 신체활동 시 주의사항

모든 사람은 각자의 체력이나 건강 목표에 따라 신체활동을 선택하며, 적정한 수준의 활동 강도와 양을 지켜 운동해야 한다. 운동을 처음 시작한다거나 운동의 경험이 많지 않은 사람의 경우 낮은 운동 강도로 진행하고, 운동 시간은 짧게 배치하며, 신체활동량은 여러 주에 걸쳐 조금씩 늘린다. 준비운동과 정리운동은 운동 전후에 실행하는 운동으로서 낮은 강도로 진행한다. 정확한 동작과 함께 적절한 호흡을 유지하며 운동전문가의 지도를 받는 것이 좋다. 신체활동은 짧게 자주 실시하는 것이 좋고, 낙상 예방을 위해 평형성 운동을 수행한다. 안전한 환경에서 적절한 운동 장비와 보호 장구를 사용하고, 운동 파트너와 함께 진행하며, 만성질환이 있는 경우에는 전문가와 상담 후 실시한다.

3) 일반적 실천 방법

자신에게 맞는 신체활동의 강도와 형태를 선택하기 위해서는 우선 신체활동의 개별적인 목표를 정해야 한다. 운동을 통해 신체를 단련한 뒤에는 어떤 활동을 할지, 운동으로 비만 관리를 하려고 하는데 체중은 얼마나 줄일 수 있을지, 운동으로 협심증 등의 심혈관 질환의 위험을 줄일 수 있을지, 낙상의 위험을 줄이기 위해서 운동이 얼마나 효과가 있을지 등을 고려하는 것이 운동의 목표를 정하는 데 필요한 고려사항들이다. 이처럼 각자의 건강상태에 따라 신체활동의 강도와 종류를 다르게 정할 수 있고 그에 따라 더욱 확실한 개별적인 목표를 달성할 수 있다.

규칙적인 신체활동은 건강을 증진하고 체력을 향상시키며 여러 만성질환을 예방한다. 신체활동을 실천하기 위해서는 여가 시간에 운동하기, 이동을 위해 걷기나 자전거 타기, 직업 활동, 집안일 하기 등이 포함되며 전반적으로 활동적인 생활습관을 들이는 것이 중요하다. 권장되는 신체활동은 기본적인 수준이므로 건강상의 이득을 많이 얻기 위해서는 신체활동 횟수를 늘리거나 활동 강도를 높이는 것이 좋다. 움직임 없이 앉아서 보내는 시간(컴퓨터, 스마트폰 사용, 텔레비전 시청 등을 포함)을 하루 2시간 이내로 줄이는 것이 필요하며, 하루에 조금이라도 신체활동을 하는 것이 건강에 좋다.

4) 생애주기별 지침

① 어린이 및 청소년

어린이나 청소년은 학교나 가정에서 하는 체육수업이나 스포츠 활동 등의 운동과, 이동을 위해 걷거나 자전거를 타는 등의 활동을 포함하여 활동적인 습관을 들이는 것이 무엇보다도 신체활동에서 중요하다. 5세~17세의 어린이와 청소년은 중강도 이상의 유산소 신체활동을 매일 한 시간 이상 하고, 최소 주 3일 이상은 고강도의 신체활동을 실시한다. 근력운동을 일주일에 3일 이상, 신체 각 부위를 고루 포함하여 수행한다. 근력운동을 한 신체 부위는 하루 이상 휴식을 취한 뒤 다시 하는 것이 좋다. 어린이 근력운동의 예로는 정글

짐, 하늘 사다리 등이 있다. 청소년들에게 적합한 신체활동을 제시하고 적극적인 활동을 주문하는 것은 매우 중요하다. 5세-17세에는 하루 총 60분 이상 중강도 이상의 신체활동을 하여야 한다.

② 성인

18세~64세의 성인은 중강도 유산소 신체활동을 일주일에 2시간 30분 이상 수행하거나 고강도 유산소 신체활동을 일주일에 1시간 15분 이상 수행한다. 고강도 신체활동의 1분은 중강도 신체활동의 2분과 같기 때문에, 중강도 신체활동과 고강도 신체활동을 섞어서 각 활동에 상당하는 시간만큼 신체활동을 할 수 있으며 적어도 10분 이상을 지속하는 것이 좋다. 근력운동은 일주일에 2일 이상 신체 각 부위를 모두 포함하여 수행하고, 한 세트에 8회~12회 반복한다. 근력운동을 한 신체 부위는 하루 이상 휴식을 취한 후 다시 하는 것이 좋다. 해당 운동이 수월하게 느껴진다면 무게를 더하거나 세트 수를 2회~3회까지 늘리도록 한다. 근력운동의 예로는 윗몸 일으키기, 팔굽혀펴기, 계단 오르기 등의 체중 부하 운동, 덤벨이나 탄력밴드 등을 사용하는 기구 운동이 있다. 18세~64세에는 일주일에 총 150분 이상의 중강도 신체활동이나 한 주 총 75분 이상의 고강도 신체활동 또는 동등한 배합의 신체활동이 필요하다. 심폐건강에 도움이 되려면 모든 활동은 한 번에 최소 10분 이상 수행하여야 한다.

③ 노인

65세 이상의 노인은 규칙적인 신체활동을 통해 건강상 이익을 크게 얻을 수 있고, 그 효과는 평생 지속된다. 또한 65세 미만의 성인에 비해 신체활동이 적기 때문에 규칙적인 신체활동을 더욱 적극적으로 실천할 필요가 있다.

65세 이상 노인의 대부분은 하나 이상의 만성질환을 갖고 있으며, 만성질환의 종류나 중증도는 매우 다양하다. 따라서 개인별 능력에 따라 알맞은 운동을 선택하여 실시하여야 한다.

많은 연구에서 노인을 위한 효과적인 운동은 준비운동과 정리운동을 함께 진행하는 것이라고 제안한다. 중강도 또는 고강도 유산소 운동 전에 준비운동을 실시하면 심장박동수와 호흡수를 서서히 증가시키고, 운동 후 시행하는 정리운동은 심장박동수와 호흡수를 서서히 감소시킨다.

평소 비활동적인 노인은 욕심내지 말고 운동량을 서서히 늘려야 한다. 체력이 약할 경우에는 활동 목표를 달성할 때까지 오랜 기간이 걸릴 수도 있다. 비활동적인 이들은 부상의 위험을 줄이기 위해 초반에 고강도 유산소 운동은 피해야 한다. 그 대신 주당 운동하는 날의 수와 중강도 유산소 운동 지속시간을 서서히 늘려야 한다. 체력이 매우 낮을 경우에는 천천히 걷기 같은 저강도 유산소 운동을 10분 이하로 시작해서 서서히 증가시켜야 한다.

주당 150분 이상의 상대적 중강도 운동을 실시하는 것이 최종목

표인데, 하루에 30분 이상의 상대적 중강도 유산소 운동을 주당 5일 이상 하는 것이 바람직하다. 주당 2일~3일은 근력 강화 운동도 병행하는 것이 좋다

규칙적인 운동이 노화에 따른 만성질환을 예방하는 효과가 있는 것은 분명하지만, 너무 강도가 심한 운동을 하면 일시적으로 근골격계(뼈, 관절, 근육 부분) 합병증과 관상동맥 심장질환의 위험이 높아질 수 있다.

끝으로 다채로운 영역의 신체활동이나 운동이 있을 수 있으나 가장 기본적이면서도 효과적인 것으로서 계단 오르기와 등산을 제안하고 싶다. 우리는 이들 활동이 늘 바쁘고 피로한 다수의 현대인에게 효과적으로 작용할 수 있다고 생각한다. 아파트나 빌딩 등 다양

노인의 유산소 신체활동 강도별 자각 강도와 생활 예시

구분 \ 자각강도	1	2	3	4	5	6	7	8	9	10
중강도 신체활동					심장박동이 조금 빨라지는 또는 호흡이 약간 가쁜 상태					
고강도 신체활동							심장박동이 많이 빨라지는 또는 호흡이 많이 가쁜 상태			
활동예시	휴식 / 취침			걷기	걷기 장보기	자전거 타기 진공청소기 댄스스포츠 수영, 태극권	등산 (내리막)	등산 (오르막) 조깅		

*출처 : 한국인을 위한 신체활동 지침서 (보건복지부)

한 공간에 있는 계단을 손쉽게 활용할 수 있다는 점은 계단 오르기의 가장 큰 장점이다. 계단 오르기에 어느 정도 숙련된 이들은 등산에 도전하는 것도 좋은 선택이 될 것이다. 실내에서 경험하는 경우가 많은 계단 오르기도 우리 몸을 활성화하는 데 큰 기여를 하지만 산으로 대표되는 자연을 온전히 느낄 수 있는 등산은 단순한 하체 운동을 넘어선 전신 운동이기 때문이다. 코로나 시대와 같은 긴급한 상황일수록 최소한의 신체활동과 운동은 더욱 요구된다. 지금부터 계단 오르기 또는 등산을 시작해 보는 것은 어떨까?

2장

생활 속
웰에이징

국가의 만성질환에 대한 예방 및 관리 사업이 추진됨에 따라 만성질환의 예방 및 관리 비율은 늘어나고 있지만, 노인 인구의 증가에 따라 만성질환으로 인한 사회경제적 부담은 증가되고 있다. 특히 심뇌혈관질환을 일으킬 수 있는 고혈압 및 당뇨병은 생활환경의 변화, 비만율 증가, 인구 고령화 등으로 지속적으로 늘어날 전망이다. 만성질환을 예방하기 위한 생활 수칙을 알아본다. 더불어 치명적인 부상이나 합병증으로 이어질 수 있는 노년기 안전사고를 예방하기 위해 일상생활에서 주의해야 할 점들을 살펴본다.

1

생활 속에서
찾은 해답

　질병관리청이 발간한 '만성질환 현황과 이슈'에 따르면 만성질환은 국내 전체 사망 원인의 79.9%를 차지했다. 만성질환이란 발병한 뒤 오랜 기간 지속되는 비감염성 질환을 말한다. 심뇌혈관질환, 만성호흡기질환, 암 등이 대표적이다. 국내 사망 원인 상위 10개 중 8개가 만성질환이었고, 이 중 암이 가장 많았고, 이어서 심장질환, 뇌혈관질환 순이었다. 심뇌혈관질환과 당뇨병, 만성호흡기질환, 암은 만성질환으로 인한 사망 중 68.6%를 차지하는 주요 질환이었다. 국가의 만성질환에 대한 예방 및 관리 사업이 추진됨에 따라 만성질환의 예방 및 관리 비율은 늘어나고 있지만, 노인 인구의 증가에 따라 만성질환으로 인한 사회경제적 부담은 증가되고 있다. 특히 심뇌혈관질환을 일으킬 수 있는 고혈압 및 당뇨병은 생활환경의 변화, 비만율 증가, 인구 고령화 등으로 지속적으로 늘어날 전망이다.

만성질환의 가장 많은 부분을 차지하는 암은 개인이 건강 생활 습관을 실천하는 것을 통해 예방이 가능하다. 세계보건기구는 "암 발생의 1/3은 예방 활동 실천으로 예방이 가능하고, 1/3은 조기 진단 및 조기 치료로 완치가 가능하며, 나머지 1/3의 암 환자도 적절한 치료를 하면 완화가 가능하다"고 하였다. 따라서 암 예방의 첫걸음은 국민 암 예방 수칙으로 시작한다고 할 수 있다. 암을 예방하기 위한 10가지 수칙은 아래와 같다.

(1) 담배를 피우지 말고, 남이 피우는 담배 연기도 피하기

(2) 채소와 과일을 충분하게 먹고, 다채로운 식단으로 균형 잡힌 식사 하기

(3) 음식을 짜지 않게 먹고, 탄 음식을 먹지 않기

(4) 암 예방을 위하여 하루 한두 잔의 소량 음주도 피하기

(5) 주 5회 이상, 하루 30분 이상, 땀이 날 정도로 걷거나 운동하기

(6) 자신의 체격에 맞는 건강 체중 유지하기

(7) 예방접종 지침에 따라 B형 간염과 자궁경부암 예방접종 받기

(8) 성 매개 감염병에 걸리지 않도록 안전한 성생활 하기

(9) 발암성 물질에 노출되지 않도록 작업장에서 안전 보건 수칙 지키기

(10) 암 조기 검진 지침에 따라 검진을 빠짐없이 받기

만성질환 중 암 다음으로 많은 비중을 차지하는 질환은 심뇌혈관질환이다. 심뇌혈관질환은 심근경색, 심장정지 등의 심장질환 및 뇌졸중 등의 뇌혈관질환을 의미하며, 선행 질환인 고혈압 및 당뇨병도 포함한다. 질병관리청에서는 심뇌혈관질환 예방을 위한 생활수칙을 발표하였다.

(1) 담배는 반드시 끊기

(2) 술은 하루에 한두 잔 이하로 줄이기

(3) 음식은 싱겁게 골고루 먹고, 채소와 생선을 충분히 섭취하기

(4) 가능한 한 매일 30분 이상 적절한 운동 하기

(5) 적정체중과 허리둘레를 유지하기

(6) 스트레스를 줄이고, 즐거운 마음으로 생활하기

(7) 정기적으로 혈압, 혈당, 콜레스테롤을 측정하기

(8) 고혈압, 당뇨병, 고지혈증을 꾸준히 치료하기

(9) 뇌졸중, 심근경색증의 응급 증상을 숙지하고 발생 즉시 병원에 가기

이처럼 만성질환은 각 질환마다 독특한 예방수칙과 관리법이 있지만 영양관리, 신체활동 및 운동, 수면과 휴식 등에서는 공통적인 면도 확인할 수 있다.

2

안전과 환경, 노년기를 비롯한
모든 이를 위한 전제 조건

삶에 있어서 안전은 포기할 수 없는 가치이다. 나를 위해서, 가족을 위해서, 사랑하는 누군가를 위해서 안전은 매우 긴요한 요건이다. 위험이 생기거나 사고가 날 염려가 없는 상태 또는 상황을 가리키는 안전을 우리는 어떻게 확보해야 할까? 때로 삶에서 안전을 확보하는 일은 쉽지 않을 수 있는데 가장 큰 이유는 우리가 살아가는 환경이 시시각각 변화하기 때문이다. 일반적으로 인간의 삶은 고정적이지 않으며, 늘 움직이고 바뀐다. 인간과 함께하는 환경 역시 그러하다.

여기서는 환경을 크게 2가지 기준으로 구분하고자 한다. 하나는 실내이고 다른 하나는 실외이다. 구체적으로 부연하자면 실내는 집 안을 가리키고 실외는 집 밖을 이야기한다. 실내 생활을 대표할 수 있는 환경 중 하나는 화장실 또는 욕실이다. 대변이나 소변을 해결하고 목욕할 수 있는 공간 또는 환경으로서의 화장실이나 욕실은 인간의 삶에서 대단히 중요하다. 가장 원초적이고 기본적인 욕구와 관련되어 있기 때문이다. 화장실이나 욕실은 물을 사용하는 공간이기 때문에 늘 위생적이고 청결하게 관리되어야 한다. 일상적으로 물에 노출되기 때문에 미끄럼에 유의해야 하는 장소이기도 하다. 잘못하면 낙상이나 골절의 위험이 발생할 수 있기 때문이다.

질병관리청에서 발표한 '가정에서의 낙상 예방 주의사항'은 아래와 같다.

- 화장실의 타일바닥, 방과 거실의 장판, 마룻바닥에서 미끄러지지 않도록 주의해야 한다.
- 화장실에서 나올 때 물기가 있으면 바로 제거한다.
- 변기 옆과 욕조 벽에 손잡이를 설치한다.
- 화장실 문 앞 카펫이나 깔개를 미끄럼 방지가 되어 있는 것으로 바꾼다.
- 방이나 거실, 주방의 물기나 기름기 등은 바로 닦아 제거한다.
- 부엌 싱크대나 가스레인지 근처의 바닥에는 미끄러지지 않도록 고무매트를 깔아놓는다.
- 바닥 타일과 자판은 미끄럼 방지 처리가 되어있는 제품만을 사용한다. 미끄럼 방지 스티커를 붙이거나 바닥에 미끄럼 방지

매트를 사용할 수 있다.

- 가능한 모든 방과 현관의 문턱, 문지방을 제거하며, 주택 구매 시 문턱, 문지방이 없는 주택을 선택한다.
- 바닥에 있는 전선, 물체, 헝겊, 수건, 이불, 박스, 높이가 낮은 가구 등은 보행 시 발에 걸리적거리지 않게 치운다.
- 어두침침한 곳, 계단, 침실, 욕실, 모서리 등을 어둡지 않게 한다.
- 조명이 어둡거나 나간 전구는 바로 교체하며 LED 조명 등은 밝은 종류로 교체한다.
- 가급적 계단보다는 엘리베이터를 이용한다.
- 계단 주위에는 아무런 물체나 장해물이 없도록 깨끗이 치운다.
- 가급적 취침할 때 침대를 이용하지 않는다.
- 침대에서 취침 시에는 바로 옆에 조명을 켤 수 있도록 준비를 해 둔다.
- 침대는 난간이 있는 노인용 침대를 이용하여 난간을 올리고 취침하도록 한다.
- 무슨 일이 있더라도 갑자기 자세를 바꾸거나 움직이지 않고 천천히 움직이는 것을 생활화한다.
- 발에 꼭 맞는 신발, 바닥에 비끄럼 방지 처리가 된 신발을 신도록 한다.

낙상은 넘어지거나 떨어져서 몸을 다치는 것을 말하는데, 높은 곳에서 떨어지는 추락과 걸려 넘어지거나 미끄러져 넘어지는 것 모두를 포함한다. 모든 연령대에서 발생할 수 있지만, 특히 노인들에게 자주 일어난다. 노인 인구가 늘어나고 의료기술로 수명이 길어짐에 따라 노인들의 낙상도 빠르게 늘어나고 있다. 은퇴 뒤 30년 이상의 인생을 살아가야 하는 노인에게 낙상은 가장 큰 천적이라 할 수 있다.

노인의 낙상으로 인한 입원율과 사망률은 매우 높다. 젊은 연령층과 비교했을 때, 낙상으로 인한 사망은 10배, 입원 비율은 8배 높다. 오랜 입원과 치료는 이후에 삶의 질을 현저히 떨어뜨리는 것으로 나타났다. 낙상으로 병원을 찾는 노인의 20%~30%는 뇌출혈 또는 엉덩이뼈 골절로 고생한다. '65세 이상 노인이 낙상으로 엉덩이뼈 골절이 생기면 다시 일어나지 못하고 황천길로 간다'는 속설이 돌 정도로 노인 낙상은 치명적인 타격일 수 있다.

낙상은 신체적 건강의 문제, 행동상의 문제, 환경적인 요인 등에 의해 발생한다. 낙상을 유발하는 요인은 다양하며 위험한 환경 요인이 많아질수록 위험은 높아진다. 낙상이 잘 일어나는 위험한 환경 요인으로는 주거시설(가정), 도로, 상업시설 등이 있다. 특히 화장실, 방이나 거실 등 실내에서는 물기, 주방의 식용유 등 미끄러운 물질을 즉시 닦아내는 것이 중요하다. 화장실에서 일어나는 낙상은 바닥 물기와 관련이 있는 경우가 많으므로, 화장실에서 나올 때는 바닥의 물기를 확인하여 물기가 있다면 즉시 제거하는 것이 좋다. 우리나라에 침대 보급률이 높아짐에 따라 침대에서의 낙상도 많아지고 있다.

주로 어두운 침실에서 화장실이 급해 일어나다가 또는 침대를 급하게 내려오다가 많이 발생한다. 이런 경우는 특히 전립선비대증이나 요실금이 있는 노인에게 해당한다.

보행장애가 있는 질환을 앓고 있는 사람이 적절한 신발을 착용하지 않는 경우, 시력이 떨어진 경우, 4가지 이상의 약물을 복용하고 있는 경우, 기립성 저혈압이 있는 경우, 집안에 위험물이 있는 경우 낙상이 자주 발생한다.

낙상으로 인한 사망은 65세 이상 환자 중에서 약 1%가 발생한다. 낙상으로 인한 사망 원인은 뇌출혈, 엉덩이 및 넓적다리 손상, 허리뼈 또는 골반 손상이다. 65세 이상의 노인에게서 엉덩이뼈 골절의 90% 이상이 낙상으로 발생하는데 넙다리뼈(대퇴골) 경부 골절의 경우 심한 통증 및 보행장애가 발생하고 치료하지 않으면 증상은 더욱 악화될 수 있다. 이 경우 인공관절 치환 수술을 해야 하는 경우도 발생하고, 고령의 환자는 거동이 불편하여 몸의 신진대사 기능이 떨어져 욕창이나 패혈증 같은 합병증이 올 수도 있다. 이러한 합병증은 급격한 체력 저하와 후유증을 일으켜 생명에 지장을 주기도 하니 특히 주의해야 한다.

낙상한 뒤 가벼운 외상으로 생각했지만 지속적인 근육통 증상이 나타난다면 척추압박골절을 의심해봐야 한다. 척추압박골절은 척추뼈가 으스러져 납작하게 눌러앉는 증상을 말한다. 이 경우 척추가

눌리면서 심한 경우 으스러진 뼈 조각이 신경 쪽으로 튀어나와 신경을 누르게 된다. 척추압박골절은 주로 낙상, 추락, 교통사고 등으로 발생한다. 야외활동이 많은 20대~40대 남성 환자가 많은 편이지만 노인 중에서는 여자보다 남자들에게 많이 발생하며, 특히 골다공증이 심한 고령 환자들은 약해진 뼈 때문에 작은 충격에도 뼈가 납작하게 눌리는 압박골절이 일어날 수 있다.

머리 손상은 낙상 후 넘어지면서 머리 부분을 땅이나 물체에 부딪혀 발생한다. 심한 경우 뇌손상으로 인해 수술이 필요한 경우도 있다. 음주 후에 발생하는 머리 손상의 경우에는 뇌출혈의 발생률이 매우 높기 때문에 금주하는 것이 예방법이 될 수 있다. 겨울철 빙판에 미끄러져 손목이 골절되어 병원으로 내원하는 경우도 3.1% 정도가 되며, 이밖에도 허리뼈나 가슴 부위 손상도 자주 발생한다.

낙상 환자 10명 중 1명 정도는 머리 손상이나 대퇴부 골절 등 입원이 필요한 심각한 경우다. 치료 기간이 길어지고 경우에 따라 사망에 이르기도 하여 본인과 가족의 육체적 정신적 고통과 경제적 손실이 크므로 낙상 예방은 매우 중요하다고 하겠다.

낙상 예방을 위한 방법으로는 규칙적인 운동, 복용 약물에 대한 의사의 확인, 과음 자제, 시력에 맞는 안경을 쓰는 것, 집안 환경을 안전하게 유지하기 등이 있다. 가정, 도로 보행, 마트 등 상업시설에서의 낙상 예방 등 다양하고 변화하는 환경에서 안전을 확보하는 일은 대단히 중요하다.

특히 가정이나 주거시설에서의 낙상에 유의해야 한다. 가정의 화장실이나 욕실에서 안전을 확보하기 위해서는 어떤 준비가 필요할까? 미끄럼을 방지할 수 있는 대표적인 물건으로 매트가 있다. 이른바 미끄럼 방지 매트라 부르는 것이다. 일반적으로 노년층은 신체기능과 균형감각이 저하되어 있어 미끄러지기 쉽기 때문에 낙상이나 골절을 유발할 수 있다. 미끄럼 방지 매트는 노년층을 위한 튼튼한 안전 도우미가 되어줄 것이고 여기에 안전 손잡이 시설을 갖추면 금상첨화라 하겠다.

낙상 예방을 위해서는 근력 강화, 유연성 제고, 균형감각 향상을 위한 운동이 필요하다. 낙상의 위험성이 있는 노인들은 보행기 등 낙상을 예방하는 기구를 이용할 수 있다. 또, 배변 때 어지럼증이 있는 경우에는 좌변기 안전보조대 등을 사용하면 안전하다.

낙상은 절대로 발생해서는 안 되겠지만, 이미 발생한 경우에는 일어설 수 있는 경우와 없는 경우로 나누어 대처 방법을 알아두는 것이 좋다. 일어설 수 없는 경우 전화기가 손이 닿는다면 전화를 이용하여 119에 연락한다. 전화기에 손이 닿지 않는 경우라면 목소리와 주변의 물체를 이용하여 큰 소리를 내어 도움을 요청한다.

일어날 수 있더라도 그냥 막 일어나려고 해서는 안 되며, 우선 호흡을 가다듬고 놀란 가슴을 진정시켜야 한다. 일어나기를 시도하기 전에, 자신이 다친 곳이 어디인지, 아픈 곳이 있는지 먼저 확인한 뒤 일어나기를 시도해야 한다. 낙상 뒤에는 위험 요인을 찾아내어 낙상을 유발할 수 있는 요소를 제거하는 것이 필요하다. 낙상으로 인해 넙다리 경부 골절이 발생했다면 병원에 입원하여 치료받으며, 많은 경우는 인공관절 치환술 등의 수술적 치료를 받아야 한다.

현대 사회에서 실외나 집 밖 생활 중 많은 부분을 차지하는 곳의 하나가 자동차이다. 우리는 자동차를 타고 직장에 가고, 학교, 학원에 가고 병원, 마트에 가며 자동차를 타고 여행을 떠난다. 인간은 자동차를 활용하여 시간과 공간의 한계를 극복한다. 사람들에게 엄청난 편의와 편리를 제공하는 자동차는 빠르다. 지나치게 빠르면 위험할 수도 있어 도로에 따라 속도 제한을 두고 있을 정도이다. 자동차의 안전을 지키기 위한 대표적인 장치 중 하나가 안전벨트이다. 교통사고 등이 발생했을 때, 충격으로부터 사람을 보호하기 위해 좌석에 고정하는 안전벨트는 대단히 중요한 장치이다. 자동차에 탑승하는 모든 인원의 안전을 위해 안전벨트 착용을 최우선으로 해야 한다. 삶에서 위험이나 사고를 완벽하게 제거하기는 어렵겠지만 발생 확률을 줄일 수는 있다. 미끄럼 방지 매트를 설치하고 안전벨트를 매는 것과 같은 사소한 실천에서부터 안전을 확보해야 한다!

3장

입안 건강을
지키는 방법

입안 건강의 상실은 신체적인 문제뿐만 아니라 정신적, 사회적으로 부정적 영향을 미치게 되므로 질환이 발생하기 전 예방하고 관리해야 한다. 입안 질환의 원인, 증상, 치료법 및 예방법을 아동기, 청소년기, 성인기, 노년기 등 생애주기에 따라서 살펴보기로 한다. 더불어 입안 건강을 전신건강의 차원에서 고찰하고 웰에이징을 위한 입안 관리 실천법을 알아본다.

생애주기별로 신경 써야 하는
입안 질환

건강한 삶을 살아가기 위해서는 기본적으로 영양분이 풍부한 음식을 섭취하고 운동을 통해 근력을 강화하며 정기적인 건강검진을 통해 질환을 조기 발견하여 치료하는 것이 필요하다. 그런데 음식을 섭취하기 위해 씹고 삼키고 말하는 데 필수적인 입안 건강관리를 소홀히 하는 경우가 있다. 치아는 한번 손상되면 자연회복이 불가능하다. 잇몸질환은 만성적으로 진행되고 잇몸뼈가 흡수되면서 치아가 흔들려 잃게 된다. 보건사회연구원 조사에 따르면 입안 건강의 중요성을 20대는 20%, 40대는 40%, 60대는 60% 인식하는 것으로 나타났다. 이는 나이가 들수록 입안 건강의 중요성을 이해하게 됨을 보여준다.

세계치과의사연맹에서는 입안 질환에 관한 10가지 핵심 사항을 다음과 같이 제시하고 있다.

(1) 인구의 39억 명(44%)은 입안 질환을 앓고 있다.

(2) 초등학생의 60% 이상, 대부분의 성인은 충치를 경험한다.

(3) 중년층의 15~20%는 치아를 잃을 정도의 심각한 잇몸질환이 있다.

(4) 인구의 20%는 유치부터 심각한 잇몸질환과 충치를 경험한다.

(5) 65세~74세 인구의 30%는 치아가 없다.

(6) 연간 입안 치료비는 암이나 호흡기질환 의료비 지출보다 높다.

(7) 입안 질환의 원인으로는 식습관(과도한 설탕 섭취), 관리 부족, 흡연, 음주 등이 있다.

(8) 입안 질환은 식이장애, 불면증, 통증, 불안감, 미(美)적 문제, 전신질환 등과 연관되어 있다.

(9) 입안 질환은 학교, 직장에서의 소통, 인간관계와 자신감 등 삶의 모든 측면에 영향을 미친다. 심각한 경우 사회적인 고립과 소득 감소로 이어질 수 있다.

(10) 입안 건강은 전신건강과 웰빙(well-being)을 유지하는데 필수적인 요소이다.

이와 같이 입안 건강의 상실은 신체적인 문제뿐만 아니라 정신적, 사회적으로 부정적 영향을 미치게 되므로 질환이 발생하기 전 예방적 관리를 통해 건강을 유지해야 한다. 나이가 들어서가 아니라 관리를 못 해서 문제가 되는 것이다. 관리만 잘하면 평생 건강한 치아, 건강한 입안을 유지할 수 있다.

이제부터 나이가 들어도 자신 있게 씹고 삼키고 말하고 웃을 수 있도록 입안 질환의 원인, 증상, 치료법 및 예방법을 아동기, 청소년기, 성인기, 노년기 등 생애주기에 따라서 살펴보기로 한다. 또한 입안 건강과 전신건강의 관련성을 고찰하고 웰에이징을 위한 입안 관리 실천법을 알아보자.

입안의 대표 질환에는 충치와 잇몸질환이 있다. 2개의 질환은 전 생애에 걸쳐서 나타나는 만성질환으로서 전 세계적으로 발병율이 높다. 2020년 우리나라 국민 10명 중 4명(44.1%)은 치과 외래 진료(건강보험)를 이용하였고 다빈도 질환은 잇몸질환 1,627만 명(31.4%), 충치 613만 명(11.8%)으로 조사되었다. 19세 이하는 충치(26.3%), 20대~50대는 잇몸질환(35.0%)과 충치(9.1%), 60대 이상은 잇몸질환(36.1%)과 치수염(10.1%) 순서로 높게 나타났다. 생애주기별 입안에 발생하는 질환의 빈도가 조금씩 다르게 나타난다. 그러므로 생애주기별로 어떤 입안 질환에 더 신경 써야 하는지 살펴보고 예방법 실천을 통해 건강한 치아, 아름다운 미소, 향기로운 입안을 만들어 보자.

1) 아동, 청소년기 : 충치

① 충치의 원인과 증상

우리나라 국민이 가장 많이 경험하는 입안 질환 중 하나는 충치(치아우식증)이다. 충치는 세균이 설탕, 정제된 탄수화물(빵)을 이용해서 산을 만들고, 산이 치아를 탈회시켜 발생한다. 처음에는 통증을 느끼지 않다가 충치가 진행되면서 통증을 느끼는데 이는 치아의 형태와 관련된다.

치아는 중앙에 신경과 혈관이 있는 치수가 있고 그 위에 상아질, 법랑질이 덮여있다. 충치 1단계는 치아 표면의 법랑질에 충치가 발생한 것으로 갈색, 검정색의 점, 선이 나타나고 이때는 통증을 느끼지 못한다. 충치 2단계는 신경에 가까운 상아질까지 진행된 것으로 달고 차가운 음식을 먹을 때 통증, 시림 증상을 느끼게 된다. 상아질은 신경과 연결된 작은 통로가 있어 통증을 인식하는데 보통 이 단계에서 치과를 찾게 된다. 충치 3단계는 신경까지 충치가 진행되어 신경조직에 염증이 생긴 경우로 음식을 씹지 않아도 통증을 느끼고, 치료를 빨리 받지 않으면 치아뿌리 끝 통로를 통해 잇몸뼈 까지 염증이 확산된다. 충치 4단계는 치아뿌리까지 충치가 진행되어 가만히 있어도 통증이 계속되고 잇몸에 농이 차고 치아뿌리를 받쳐주는 잇몸뼈까지 세균감염이 확산된다. 오랜 시간 방치하면 임플란트를 바로 하기 어려울 정도로 잇몸뼈가 흡수된다.

치아구조와 충치현황

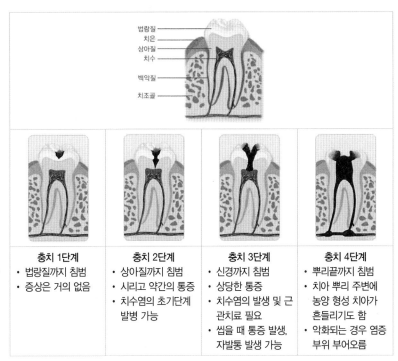

충치 1단계	충치 2단계	충치 3단계	충치 4단계

• 법랑질까지 침범
• 증상은 거의 없음
	• 상아질까지 침범
	• 시리고 약간의 통증
	• 치수염의 초기단계
	  발병 가능
		• 신경까지 침범
		• 상당한 통증
		• 치수염의 발생 및 근
		  관치료 필요
		• 씹을 때 통증 발생,
		  자발통 발생 가능
			• 뿌리끝까지 침범
			• 치아 뿌리 주변에
			  농양 형성 치아가
			  흔들리기도 함
			• 악화되는 경우 염증
			  부위 부어오름

*출처 : 보건복지부, 대한치의학회

충치 자가진단 체크리스트

☐ 치아에 검게 변한 곳이 있다.　　　　☐ 찬 것을 먹으면 시리다.
☐ 치아 사이가 검게 보인다.　　　　　☐ 뜨거운 음식이 닿으면 불편하다.
☐ 음식을 씹을 때 아프다.　　　　　　☐ 단 음식을 먹으면 불편하다.
☐ 칫솔질을 했는데도 입 냄새가 난다.　☐ 음식을 먹지 않아도 이가 아프다.
☐ 칫솔질할 때 피가 난다.　　　　　　☐ 이가 흔들리고 잇몸에서 고름이 난다.

⇨ 평가결과 : 위의 항목 중 한 개라도 해당이 된다면 치과검진을 받는 것이 좋다.
　 많이 체크할수록 충치가 심각한 단계일 수 있다

② 충치치료

1, 2단계는 충치가 형성된 부분을 제거하고 일반적으로 치아와 같은 강도와 색을 띄는 레진 재료로 채우게 된다. 충치 범위가 넓고 치아 사이까지 충치가 진행된 경우라면 생체친화성이 좋은 금, 레진 등 인레이 치료를 주로 한다. 3단계는 감염된 치수 내 신경과 혈관 조직을 제거하고 비워진 신경관을 약재로 채우는 신경치료를 3회~4회 정도 받게 된다. 신경치료를 받은 치아는 영양공급을 하는 혈관이 제거되어 약해지고 충격을 가하면 깨질 수 있어 금 등을 이용해 치아 전체를 씌어주는 크라운 치료를 해야 한다. 4단계는 신경치료가 불가능한 경우로 이를 뽑고 임플란트를 하거나 옆 치아를 삭제해서 연결해주는 브릿지 보철치료를 받게 된다.

치아는 인체에서 가장 단단한 조직으로 뼈보다도 단단하지만 산에 의해 탈회된 뒤에는 회복이 불가하다. 통증을 느낀 이후 치과에 내원하게 되면 많은 양의 치아를 삭제하게 되고, 충치치료나 신경치료, 보철치료(크라운)를 해야 한다. 그러므로 조금이라도 아프면 미루지 않고 바로 치과에 가서 치료를 받고 정기적인 치과검진을 통해 질환을 조기에 발견하고 치료해야 한다. 더 중요한 것은 충치 예방법을 올바르게 이해하고 실천하는 것이다.

③ 충치 예방법

●칫솔질

충치 예방을 위한 가장 기본적이고 필수적인 방법은 칫솔질이다. 과거 칫솔질 3·3·3교육을 받은 경험이 있을 것이다. 하루 3번, 식후 3분 이내, 3분 이상 닦는 것을 의미한다. 그러나 이제부터는 4·3·3을 실천해야 한다. 그렇다면 언제 칫솔질을 한 번 더 해야 할까? 잠들기 전이다. 침에는 입안을 씻어주는 자정작용, 항균작용 등의 기능이 있는데 수면 중에는 침 분비량이 적어 침의 기능이 낮아지고 세균의 활성도가 높아진다. 입안에 음식물 찌꺼기가 남은 채 잠이 든다면 세균의 왕성한 작용으로 산은 치아를 오랜 시간 탈회시켜 충치 발생률을 높인다.

칫솔은 어금니 2개 반 정도를 덮는 사이즈를 선택하고 닦는 순서를 정해서 한 부위에 10번씩 닦아야 한다. 바깥(볼)쪽, 안(혀)쪽 치아를 닦으면 씹는 면을 닦는다. 씹는 면을 보면 깊고 좁은 홈이 있는데 짧게 진동을 주어 닦도록 한다. 마지막으로 세균의 온상지라 불리는 혀뿌리(목구멍에 가까운 부위) 쪽부터 혀끝까지 길게 5회 정도 칫솔로 쓸어내린다.

●불소 이용법

치아는 수산화칼슘인회석 구조로 되어 있는데 치아가 형성되는 과정에서 불소를 복용하면 불화인회석이라는 구조로 전환되면서 치아가 강해지고 내산성이 증가한다. 내산성이란 산에 대한 저항성을 높여주는 것으로 치아가 산에 의해 탈회되는 것을 줄일 수 있다. 임신 중, 그리고 치아가 형성되는 시기인 출생 후부터 14세까지 불소를 섭취한다면 치아를 튼튼하게 만들 수 있다. 물, 음식물 등에도 포함되어 있어서 우리는 일상생활에서도 미량의 불소를 섭취하고 있지만 건강보조식품(영양제) 등을 통해 보충하여 복용하는 것이 좋다. 불소를 복용하면 치아도 강화되지만 침에 불소 성분이 증가하여 세균의 산 생성과정을 억제하고 탈회된 치아를 다시 강하게 만들어 충치 진행을 차단하는 데 도움이 된다. 불소 복용량으로는 6개월~18개월은 0.25mg, 18개월~36개월은 0.5mg, 3세~6세는 0.75mg, 6세~12세는 1.0mg을 권장한다.

불소를 복용하는 게 부담스럽다면 치아 면에 바르는 도포 방법이 있다. 치아 면의 칼슘 이온을 산에 의해 잃게 되면 백색, 갈색 반점이 된 후 충치가 되는데, 불소를 치아에 도포해 주면 불소이온이 치아에 결합되어 치밀한 구조의 치아가 되어 탈회를 막아 충치를 줄일 수 있다. 그러므로 주기적으로 불소를 도포하는 것이 권장된다. 특히 유치가 모두 올라온 3세, 영구치 첫 번째 큰 어금니와 앞니가 나는 7세, 작은 어금니와 송곳니가 난 10세, 두 번째 큰 어금니가 난 후인 13세에는 치과에 방문하여 전문가 불소도포를 하는 것이 좋다. 이후 매년 1회~2회 치과에 내원하여 치아에 있는 세균막을 깨끗하게 제거하고 불소를 도포하면 40%~75%의 충치를 예방할 수 있다. 불소도포 후에는 30분 동안 물, 음식 섭취, 칫솔질을 하지 않아야 불소 효과를 높일 수 있다.

치과에 가지 않고 직접 불소를 도포하는 방법도 있다. 불소가 포함된 치약으로 치아를 꼼꼼히 닦으면 된다. 또한 불소가 포함된 가글(양치)액을 1분 사용하면 20%~30%의 충치 발생을 줄일 수 있다. 그러므로 내가 사용하는 치약, 양치액에 불소가 포함되어 있는지 확인하고 이용하는 것이 좋다.

불소는 충치 예방뿐만 아니라 시린 이에도 효과가 있다. 나이가 들면서 옆으로 칫솔질하는 잘못된 습관이나 부정교합이 있는 경우 치아와 잇몸 사이가 삼각형 모양으로 파이는 마모 증상이 나타난다. 이 경우 이가 시리고 통증이 생긴다. 심한 경우엔 손상된 부위를 치아와 같은 강도와 색을 가진 레진 재료로 채우지만 심하지 않는 경우엔 주기적으로 불소도포를 하면 시린 증상이 완화된다. 노인의 경우 잇몸이 퇴축되고 치아뿌리가 노출되면서 시린 증상이 나타나는데, 칫솔질을 할 때 시린 부분을 피해서 닦으면 치아뿌리에 충치가 발생하기도 한다. 그러므로 시린 증상이 있다면 주기적으로 불소도포를 해서 시린 증상, 충치 발생을 예방해야 한다.

생활팁 현재 보건소에서 6세부터 13세 아동을 대상으로 불소도포를 무료로 시행하고 있고, 시린 이가 있는 만 65세 이상 노인(저소득층 우선)에게 불소도포를 무료로 시행하고 있으므로 보건소에 시행 여부를 확인하고 이용하면 된다.

● 치아 홈 메우기

충치를 관찰하면 치아 씹는 면에 가장 많이 생기는 것을 알 수 있다. 씹는 면을 확대해 보면 깊고 좁은 홈이 있는데 칫솔질을 해도 음식물 잔사, 세균이 잘 제거되지 않는다. 씹는 면 면적은 전체 치아의 12%에 지나지 않지만 이 부위에서 충치 60% 이상이 발생하므로 집중 관리할 필요가 있다. 그렇다면 칫솔질로도 관리하기 어려운 이 부위는 어떻게 예방할 수 있을까? 깊고 좁은 홈을 채워주는 치아 홈 메우기를 하면 된다.

치아 홈 메우기는 흐름성이 좋은 레진계열 재료로 깊고 좁은 홈을 채워서 음식물과 세균이 잔류하는 것을 차단하는 방법이다. 주로 큰 어금니 8개에 홈 메우기를 하는데 충치가 잘 생기는 경우라면 작은 어금니에도 하는 것이 좋다. 치아 홈 메우기만으로도 충치를 90% 이상 예방할 수 있으니 6세 첫 번째 큰 어금니, 12세 두 번째 큰 어금니가 나온 뒤에 꼭 해주고 정기적 검사를 통해 잘 유지되고 있는지 확인하는 것이 좋다.

생활팁 현재 만 18세 이하는 치아 홈 메우기 건강보험 지원을 하고 있으므로 위, 아래 큰 어금니 8개는 꼭 치아 홈 메우기 처치를 받는 것이 좋다.

● 식단관리

충치 주원인은 당이 포함된 음식이다. 평상시 식습관을 생각해보고 단 음식 섭취 빈도가 높다면 정규 식사와 간식에서 당이 포함된 음식량을 줄이고 과일, 채소와 같은 청정식품의 섭취를 높일 것을 권장한다. 그리고 충분한 물의 섭취도 중요하다. 하루 2L의 물 섭취를 권장하고 있으나 바쁜 일상에서 물 섭취량이 적은 경우도 많다. 물 섭취량이 적으면 침 분비량도 적어지고 침의 분비량이 적으면 침의 점도가 높아져 끈적해진다. 끈적해진 침은 입안의 음식물을 그물망처럼 잡고 세균의 작용을 돕게 되어 충치가 더 잘 생기는 환경을 만든다. 그리고 입안을 씻어주는 자정작용, 항균작용, 산을 희석시키는 중화작용, 잇몸과 같은 입안 점막 보호작용 등이 잘 이루어지지 않으므로 오늘부터 충분한 물을 섭취하는 습관을 갖도록 해야 한다.

2) 청소년기 : 부정교합

① 부정교합 원인과 증상

부정교합은 유전적 원인과 성장 과정의 습관, 외상 등으로 인한 비

유전적 원인으로 나타난다. 부모님의 큰 악골과 작은 치아가 유전되었다면 치아 사이 빈틈이 나타나고 작은 악골과 큰 치아가 유전되었다면 치아가 날 공간이 없어 삐뚤삐뚤한 치아가 될 것이다. 윗턱이 돌출된 경우나 아래턱이 돌출된 주걱턱의 경우 유전적으로 30% 이상 나타나며 한 세대를 지나 그 다음 세대에 부정교합이 발생하기도 한다. 성장 과정에서 손가락 빨기를 오래 지속하면 윗턱 앞니가 돌출되고 아래 앞니는 안쪽으로 기울어져 윗니 아랫니 사이 틈이 만들어진다. 비염이나 축농증 등이 있어 입으로 숨을 쉬는 경우 입천장, 아래턱, 혀의 위치가 변화되면서 부정교합이 만들어진다. 또한 외상, 제 시기에 유치를 빼지 않고 오래 방치한 경우, 충치로 일찍 치아를 뺀 후 방치한 경우에는 옆 치아가 기울어지고 이동하여 부정교합이 된다.

부정교합은 3가지로 구분한다. 1급 부정교합은 어금니가 맞물리는 것은 정상이지만 치아의 위치가 고르지 않고 불규칙한 경우, 2급 부정교합은 윗턱이 아래턱보다 앞으로 돌출된 경우, 3급 부정교합은 아래턱이 윗 턱보다 앞으로 돌출된 경우이다.

② 부정교합 치료

1급 부정교합은 치아에 장치를 부착하거나 착탈식 장치를 이용해 교정하게 된다. 2급 부정교합은 1급 부정교합처럼 치아에 장치를 부착하여 치아를 이동시키는데, 필요하면 작은 어금니를 빼고 빈 공간을 만들어 돌출된 앞니를 뒤로 이동시킨다. 이 경우 12세~13세에 치과에서 진단을 받고 상담을 하는 것이 좋다. 3급 부정교합은 아래턱이 돌출된 부정교합으로 유전적인 경우가 많다. 부모, 조부모가 3급 부정교합이라면 5세부터 치과 검진을 통해 교합상태를 주기적으로 검사하고, 아래턱이 앞으로 돌출되지 않도록 장치를 착용하거나 10세~11세 이전에 턱 성장을 활용한 교정치료를 하는 것이 좋다. 턱 성장이 완료된 뒤에는 턱 수술과 함께 교정치료를 해야 하므로 유년기부터 치과에서 부정교합 관리를 해야 한다.

③ 부정교합 예방법

부정교합을 예방하기 위해서는 손가락 빨기와 같은 습관을 3세 이전에 고칠 수 있도록 하며 한쪽 턱 받치는 습관, 한쪽으로만 음식을 씹는 습관 등이 오래 지속되지 않도록 해야 한다. 유치에 충치가 생겨 빼는 경우에는 영구치가 나올 공간을 확보하기 위한 치료를 받아야 한다. 그렇지 않으면 공간이 좁아져 치아가 제 위치에서 고르게 나지 못한다. 그러므로 유치를 뺄 치아로 생각하고 소홀히 관리하면 안 된다. 영구치가 날 때까지 잘 관리하고 유지되도록 한다.

부정교합의 원인인 손톱 깨물기, 혀 내밀기, 턱 내밀기, 입술 깨물기 등 좋지 않은 습관이 있는 경우, 한쪽으로 음식 씹기, 이갈이, 질긴 음식을 즐겨 먹는 등의 습관이 있는 경우 및 턱에 외상을 경험한 대상자 등은 턱관절 장애가 나타날 수 있다. 턱관절 장애는 아래턱을 움직이는 관절 부위의 디스크, 인대, 주위근육 등에 구조적, 기능적 문제가 발생하는 것이다. 턱관절 장애 초기에는 입을 벌렸다 닫으면 턱관절에서 모래알 굴러가는 듯한 잡음들이 발생하고 증상이 오래 유지되면 턱이나 귀, 머리나 얼굴 부위에서 통증, 두통이 나타난다. 시간이 더 지나면 입을 벌리고 씹을 때 턱을 크게 움직일 수 없게 된다. 연령이 늘어날수록 빈도와 통증 경험도 높은 것으로 조사되었다.

턱관절 장애 체크리스트

- 입을 벌리거나 다물 때 귀 앞 턱관절 쪽에서 소리가 나거나 통증이 느껴진다.
- 입을 벌렸다 다물 때 양쪽의 움직임에 차이가 있는 것 같다.
- 귓속이나 귀 주위, 관자놀이 또는 뺨 근처가 뻐근하거나 아프다.
- 입을 최대로 벌렸을 때 윗니와 아랫니 사이에 손가락 3개가 들어가지 않는다.
- 침을 연속으로 삼키기 힘들다.
⇨ 위 내용에 해당한다면 가까운 구강내과 전문의에게 진단을 받는 것이 좋다

---

*출처 : 덴탈투데이(http://www.dttoday.com)

턱관절 장애 치료는 증상을 완화하고 일상생활에 지장이 없게 하며 재발을 방지하는 데에 목적이 있다. 질환 발생 초기에는 입을 적게 벌려 턱관절이 과도하게 움직이지 않도록 해야 한다. 치과에서는 습관교정 행동요법, 물리치료, 약물치료, 교합장치 치료 등을 시행한다. 교합장치는 교합관계를 정상화하고, 교합력을 재분산시켜 저작근 통증과 하악기능장애를 치료할 목적으로 사용되는데 이갈이, 치아 마모와 흔들림도 방지한다.

턱관절 장애 예방을 위해서는 좋지 않은 습관을 교정해야 한다. 특히 스트레스가 많은 경우 이 악물기, 이갈이 발생빈도가 높은데 습관을 인식하고 씹는 근육과 안면근육을 이완시키는 운동을 하는 것이 좋다. 기본 운동요법으로는 혀의 안정 위치, 턱관절 회전 운동, 목 펴기, 목 관절 안정위치, 목 운동, 어깨 자세 교정 등이 있다. 또한 평상시 과도하게 입을 벌리지 않고 장시간 껌이나 질긴 음식을 씹지 않도록 한다.

턱관절 장애 예방

① **혀의 안정 위치**
- 혀를 입천장 앞쪽에 대고 "딱" 소리를 낸 후 이 위치를 유지한다.
- 이때 혀의 앞부분 1/3을 입천장에 닿도록 하되 혀가 어느 치아에도 닿지 않게 한다.
- 이때 상하의 치아는 서로 닿지 않게 한다.
- 숨은 코로 쉬도록 한다.
- 위와 같은 상태가 평상시에도 유지되도록 한다.

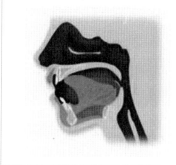

② **턱관절 회전운동**
- 혀를 안정위치에 위치시킨다.
- 턱관절 부위에 양손의 둘째손가락을 대고 입을 벌리되 턱관절 돌출부위가 손가락보다 앞으로 나오는 느낌이 들면 입 벌리기를 중단하고 그 상태에서 입을 다문다.
- 양쪽의 턱관절이 돌출되는 것이 동시에 이루어지도록 입을 똑바로 벌릴 수 있도록 한다.
- 이때 혀는 입천장에서 떨어지지 않게 한다.
- 이 범위 내에서 음식을 씹도록 하면 턱관절이 탈구되는 것을 예방할 수 있다.

*출처 : 보건복지부, 대한치의학회

③ 목 펴기
- 턱을 목 가까이로 편안하게 잡아당긴 다음 그 상태에서 목을 똑바로 세운다.
- 평상시에도 이런 자세를 유지하도록 한다.

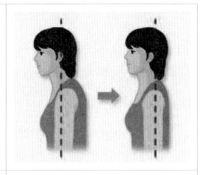

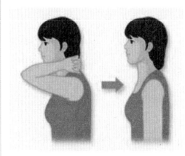

④ 목 관절 안정위치
- 목을 안정된 위치에 두기 위하여 목 뒤에서 양손을 깍지 낀다.
- 목을 똑바로 세운 뒤 머리를 앞으로 숙여 턱을 몸통에 붙인다.

*출처 : 보건복지부, 대한치의학회

3) 성인기 : 잇몸질환

① 잇몸질환 원인과 증상

입안에는 약 600~1,200여 종류의 세균이 존재한다. 입안은 35도 ~37도의 온도와 습도, 치아와 잇몸 사이 틈에서 나오는 액체(치은열구액), 음식물 등으로 인해 세균이 서식하기 좋은 환경을 갖추고 있다. 치아를 뽀드득하게 닦은 뒤 몇 초가 지나지 않아 치아에는 침이 덮이고 세균이 모여 막이 형성되는데 이것을 치면세균막(플라그,

plaque)라고 한다. 치면세균막은 칫솔질로 제거할 수 있지만 시간이 지나면서 침에 있는 무기질, 석회성분과 결합되면 단단해져서 돌처럼 굳게 되며 이것을 치석이라고 한다. 치석을 현미경으로 들여다보면 구멍이 송송 뚫려 있는데 세균이 서식하기 좋은 아파트와 같다. 치석이 쌓이면 주위에 세균의 작용력이 높아지고 치아와 잇몸 사이 틈을 벌리게 되고 잇몸이 결합된 부위를 손상시키며 치아뿌리 쪽으로 치석을 늘리면서 잇몸에 깊은 주머니를 형성하는데 이를 잇몸낭(periodontal pocket)이라고 한다. 결과적으로 칫솔질을 구석구석 잘 하지 못하면 치면세균막이 쌓이면서 치석이 만들어지고 치석이 적은 양일 때 제거하지 않으면 뿌리 쪽으로 계속 증가되면서 잇몸 주머니를 깊게 형성한다. 이 과정에서 세균은 독소를 만들어 치아를 받쳐주는 잇몸뼈를 흡수시키고 치아가 흔들리게 된다.

잇몸질환 초기에는 세균의 독소 작용으로 잇몸이 빨갛게 변하고 붓고 피가 나며 통증이 나타난다. 이외에도 염증으로 인해 잇몸에서 변색, 궤양 등이 나타난다. 이 시기에는 통증이 심하지 않아 치료를 받지 않는 경우도 많다. 잇몸질환이 진행됨에 따라 중기 증상은 잇몸뼈 주변 부위가 흡수되면서 치아를 받쳐주는 잇몸뼈 양이 줄어들고 잇몸은·탄력이 없이 느슨해지고 피가 나며 잇몸주머니가 깊어진다. 말기 잇몸질환은 잇몸이 깊어진 안쪽 부위에 세균 성장이 활발해지며 독소 작용은 더 활성화되고 입냄새가 나며 잇몸뼈가 치아를 지지하지 못할 정도로 흡수되어 치아가 심하게 흔들리고 농이 나오며 통증이 느껴진다.

●잇몸질환 자가평가

1. 이를 닦으면 잇몸에서 피가 난다. (10점)	7. 이가 조금씩 흔들리는 곳이 있다. (10점)
2. 이 사이에 음식물이 자주 낀다. (6점)	8. 잇몸이 자주 붓는다. (10점)
3. 치아에 치석이 있는 것 같다. (10점)	9. 부모님 중에 틀니 하신 분이 있다. (8점)
4. 나쁜 입 냄새가 난다. (8점)	10. 피곤하면 이가 들뜬다. (8점)
5. 잇몸에 통증을 가끔 느낀다. (8점)	11. 당뇨병 치료 중, 치료한 적이 있다. (10점)
6. 이가 시린 적이 있다. (7점)	12. 현재 담배를 피우고 있다. (5점)

⇨ 평가결과 : 위의 항목 중 본인에게 해당하는 번호의 점수를 모두 합산한다.
0~15점=잇몸이 건강한 편   26~50점=적극적인 관리가 필요
51~75점=적극적인 치료가 필요   76~100점=중증의 잇몸병 있음

*출처 : 대한치주학회, 동국제약

② 잇몸질환 치료

잇몸질환이 있는 경우 약물은 치료과정에 부가적으로 사용되는 것으로 약물복용만으로는 잇몸 치료가 되지 않는다. 치아에 부착된 세균막과 치석을 제거하고 염증성 조직을 제거하는 잇몸 소파술이 필요하다.

●치아 세균막 관리

잇몸질환을 치료하는 1차적 방법은 전문가 세균막 관리이다. 입안에 형성된 치면세균막을 제거하기 위해 치아에 세균막을 관찰하는 착색제를 바르고 세균막의 형태를 관찰한 뒤 전동칫솔과 유사한 역

할을 하는 핸드피스, 미세한 파우더가 분무되는 기계를 이용하여 관리한다. 치아의 형태에 따라 치아와 잇몸 경계부, 치아 사이 등에 형성된 세균막을 제거하고, 세균막이 재부착되는 것을 줄이기 위해 치아를 활택하게 한다. 치석 제거 시 세균막 관리를 해주는지 확인하고 관리하지 않는 기관이라면 요청하는 것이 필요하다.

● **치석제거(스케일링)**

잇몸질환 초기인 경우 치석이 부착된 주변 잇몸은 빨갛게 붓고 피가 나며 탄력이 없어지고 냄새가 난다. 방치하면 잇몸뼈가 흡수되므로 치석은 가급적 적게 형성되었을 때 제거하는 것이 치료에 도움이 된다. 잇몸질환 경험이 높은 환자는 3개월~4개월마다 한 번, 위험도가 낮은 환자는 6개월~9개월 간격으로 치석제거를 받기를 권장한다. 환자 중에는 치석을 제거하고 나서 이가 시리고 잇몸이 내려가서 불만을 호소하기도 한다. 두껍게 형성된 치석을 제거하면 추운 겨울에 옷을 입고 있다가 벗은 듯 시린 느낌이 나고 치아 사이 공간을 채우고 있던 치석이 제거되니 이 사이가 비어 보이며, 부어 있던 잇몸이 치유되어 제 위치로 이동하면 공간이 더 넓어 보인다. 그러므로 치석이 적게 형성되었을 때 주기적으로 제거하면 통증이나 불편감을 최소화하여 치료받을 수 있다.

현재 만 19세 이상은 연 1회(1월 1일부터 12월 31일까지) 건강보

힘 지원이 되므로 꼭 받는 것이 좋다.

● 염증조직 제거(잇몸소파, 잇몸판막술)

치아와 잇몸 경계선에 형성된 치석은 점차 치아뿌리 쪽으로 이동하면서 잇몸에 염증이 생기고 치아 주위 골을 파괴하는데, 이 염증조직을 치과용 기구를 이용하여 제거하는 치료를 한다. 먼저 치석제거를 한 후 염증조직을 제거하는 치료를 하는데 치아 주위 골파괴가심한 경우 잇몸을 절개해서 치아뿌리까지 형성된 치석을 제거하고, 치아뿌리 표면을 활택하게 만들고 잇몸 염증조직도 깨끗하게 제거한 뒤 골 성형도 하게 된다. 염증조직 제거술을 반복적으로 하게 되면 잇몸이 더 내려가므로 치료 후 관리를 잘하고 정기적으로 치과에서 세균막 관리, 치석제거를 받을 것을 권장한다.

치주 치료

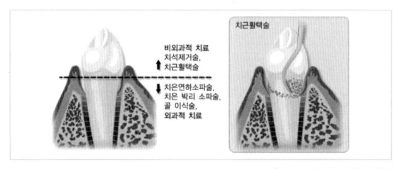

*출처 : 보건복지부, 대한치의학회

③ 잇몸질환 예방법

● 칫솔질

잇몸질환을 예방하는 가장 기본적인 방법은 칫솔질이다. 매일 하는 칫솔질을 한다고 관리를 잘 하고 있는 것으로 생각하기 쉽지만 치아 하나하나, 잇몸까지 꼼꼼히 닦고 있는지 묻는다면 자신 있게 대답하기 어려울 것이다. 잇몸질환 예방을 위한 칫솔질은 잇몸에서부터 치아 끝쪽으로 쓸어내리는 동작을 10회 반복하는 것이 중요하다. 힘껏 한두 번 닦는 것보다는 잇몸이 다치지 않을 정도의 힘으로 여러 번 반복하는 것이 좋다. 위 아래가 아닌 옆으로 장기간 칫솔질을 한다면 이가 닳고 잇몸이 내려가 시린 증상이 생긴다. 오랫동안 하던 칫솔질 습관은 교육을 받아도 쉽게 고쳐지지 않는다. 그러므로 반복적인 교육을 통해 습관을 개선해야 한다. 치과에서 근무하는 치과위생사는 예방 전문 의료진으로, 칫솔질이 안 된 부분이 붉게 표시되는 착색제를 이용하여 닦이지 않는 부분을 알려주고 칫솔질 등 교육과 예방처치를 시행한다. 그러므로 치과에 갔을 때 착색제로 칫솔질이 안 되는 부위를 확인하고 싶다고 요청한다면 간단하게 확인할 수 있다.

● 치실

나이가 들어 잇몸이 내려간 경우 치아 사이 공간이 넓어져 있는데 칫솔질만으로는 관리가 어려우므로 치실, 치간칫솔 등 보조용품들을 사용해야 한다. 칫솔질만으로 치아 사이에 끼어있는 음식물 잔사와 세균막을 모두 제거할 수 없다. 치아 사이 공간의 음식물과 세균막을 제거하기 위해서는 치실을 사용한다. 치실은 40cm~50cm 길이로 자르고 양손 가운데 손가락에 느슨하게 감은 뒤 가운데 공간이

치실 사용법

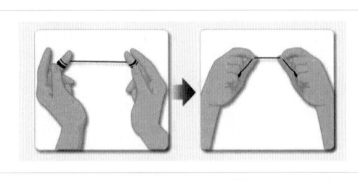

▶ 30~60cm 정도로 잘라 양쪽 중지에 감고 치아 사이에 사용할 3~4cm 정도를 남겨둠

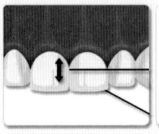

▶ 사용한 치실 부위는 재사용하지 않도록 감긴 것을 이동해가면서 사용함.
▶ 치실을 치아면에 부착시켜 아래위로 쓸어내리는 동작을 5~6회 실시함.

▶ 손놀림이 부자연스럽거나 입안 쪽 치아에 적용시 또는 구토감을 느끼는 사람의 경우 치실 손잡이를 이용함

*출처 : 보건복지부, 대한치의학회

5cm~10cm 정도 되면 엄지와 검지로 2cm~3cm를 남기고 잡는다. 치아 사이에 톱질하듯 넣고 치아와 잇몸 사이 벌어진 틈까지 가볍게 밀어 넣은 후 치아를 감싸서 위, 아래로 닦으며 올린다. 한 부위에 3회~4회를 반복하는데 이때 절대 옆으로 동작하지 않아야 한다. 옆으로 닦이면 해당 부위가 마모되고 세균막과 음식물이 효과적으로 제거되지 않는다.

● **치간칫솔**

치아, 임플란트, 보철물 사이 잇몸 부분을 보면 삼각형 빈 공간이 관찰된다. 이 부분은 칫솔질로만 관리하기 어렵다. 그러므로 치아 사이 공간에 맞는 치간칫솔을 선택해서 음식물, 세균막을 제거해야 한다. 치간칫솔을 써서 치아 사이가 더 넓어질 것 같아 공간보다 작은 사이즈를 선택한다면 잘 관리되지 않는다. 약간 큰 사이즈를 선택하고 볼을 왼손으로 당기고 치간칫솔을 닦을 부위에 위치시킨 후 안쪽으로 수평동작을 반복한다. 이때 주의사항은 치간칫솔 가운데 철심이 치아에 닿지 않도록 해야 한다. 이쑤시개처럼 치아에 닿게 반복적으로 이용하면 치아가 닳게 되어 시리고 공간이 더 커진다. 그러므로 철심은 치아에 닿지 않게 빈 공간 중앙에 위치시키고 치간 칫솔모만 치아 면에 스치도록 닦아야 한다.

치간칫솔 사용법

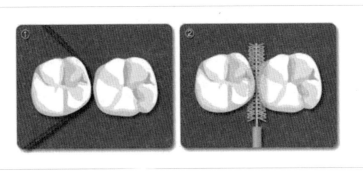

▶ 함입되거나 불규칙한 면에는 치실보다 치간칫솔이 효과적임

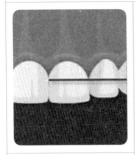  

| 잇몸퇴축 없음
– 치실 | 중등도 치간유두 퇴축
– 치간칫솔 | 치간유도 완전소실
– 한가닥 모 |

*출처 : 보건복지부, 대한치의학회

● 물사출기(워터픽)

치아, 임플란트, 보철물 사이, 교정치료 시 장치 주변 칫솔로 관리가 어려운 부위는 음식물이 남거나 잇몸질환으로 잇몸에 주머니가 형성되는데 치아 사이와 잇몸 주머니 안을 세척하는 데 워터픽(아쿠아픽)을 사용한다. 물의 압력으로 인해 잇몸 세척 시 마사지 효과도 있

어 잇몸질환이 있거나 임플란트, 보철물, 교정환자 등에게 권장한다.

● 양치액(가글액)

입안 내 세균, 입 냄새 감소를 위해 양치액을 사용한다. 치아 사이에 양치액이 이동할 수 있도록 볼을 부풀렸다 줄였다를 반복하면서 사용한다. 알코올이 포함된 양치액은 입안을 마르게 하므로 알코올이 없거나 적게 포함된 제품을 사용하고 충치가 잘 생기는 환자라면 중탄산나트륨이 포함된 양치액을 사용하도록 한다.

4) 성인기와 노년기 : 입 냄새(구취)

입 냄새는 치명적인 질환도 아니고, 통증도 없지만 입안과 인접한 기관에서 발생하는 냄새로 자신이나 타인에게 불쾌감을 주는데 이로 인한 스트레스는 중증의 질환만큼 크게 작용한다. 원인은 충치, 잇몸질환 등 입안의 질환과 침의 분비가 적은 경우, 혀 관리를 하지 않는 경우와 같은 입안의 원인이 가장 많다. 그 외 전신질환이 있는 경우, 호르몬의 작용 등이 있다.

성인의 약 50% 이상이 겪는 흔한 문제이며 특히 아침에 생기는 입 냄새는 대부분 잠자는 동안 침 분비가 줄어들고 세균에 의한 부패작용 증가로 발생하는 일시적인 문제이다. 일반적으로 나이가 들면서 증가하고 여성의 경우에는 생리주기에 따라 변화를 보이며 임신 중에도 증가한다. 허기질 때도 입 냄새가 날 수 있으므로 규칙적인 식사 습관은 입 냄새 예방에 필수적이다. 마늘, 양파 등과 수면제를 포함한 일부 약물은 입 냄새 발생을 증가시킨다.

일부는 실제 입 냄새가 나지 않지만 냄새가 나는 것처럼 느끼는 심리적인 입 냄새를 경험한다. 입 냄새가 난다고 느끼면 사람들을 만나기 꺼려지게 되고 대화를 할 때 자신도 모르게 입을 가리게 되는 경우가 많다. 하지만 대부분의 입 냄새는 치료를 통해 관리가 가능하다.

① 입 냄새 원인과 치료

입 냄새는 80%~90%가 입안 문제 때문에 발생하고 나머지는 전신질환과 관련된다. 충치, 잇몸질환, 구내염, 맞지 않는 보철물, 염증이 있는 사랑니 등이 주요 원인이며 그중에서도 혀가 관리되지 않는 경우 입 냄새 발생이 높다. 치과에서는 입안 질환 및 원인에 따라 치아와 혀의 세균막 관리, 치석제거, 입안 질환 치료, 입안이 건조한 경우 침 분비 촉진 약과 인공침 처방 등을 하고 있다. 올바른 칫솔질 및 혀 닦기, 신선한 과일과 야채를 포함한 저지방 음식의 섭취 및 파, 마늘, 양파, 겨자류, 달걀 등의 입 냄새 유발 음식을 피하는 식단 및 금연교육도 입 냄새 예방의 방법이다.

전신질환이 있는 경우 이비인후과, 내과 의사와 협진하여 내과적

질환을 치료하고 심리적 원인이 있는 경우에는 주기적 치과 케어와 함께 심리상담 치료를 병행한다.

② 입 냄새(구취) 예방법

우선 치아와 혀를 잘 닦고 잇몸을 청결히 하는 방법을 정확하게 실천하는 것이 중요하다. 특히 혀를 닦을 때 목구멍에 가까운 혀 부위부터 앞쪽으로 부드럽게 5회 정도 쓸어내린다. 구역질이 쉽게 일어나므로 칫솔에 치약을 묻히지 않고 사용하거나 혀 닦는 제품인 혀세정기(혀클리너)를 사용하면 된다. 그래도 구역질이 나면 1초~2초 동안 숨 쉬는 것을 멈추고 닦는 것이 좋다. 노년층의 경우에는 치아 사이의 간격이 넓어져 있어 음식물이 잔류하는 경우가 많으므로 치간 치솔, 워터픽을 이용하여 치아 사이 음식물과 세균막을 제거하면 입 냄새도 없애고 잇몸질환도 예방할 수 있다. 입 냄새의 정도가 심한 경우, 입 냄새를 일으키는 물질과 화학적으로 반응하여 입 냄새를 감소시키는 양치액을 보조적으로 사용한다. 하지만 양치액에 있는 세균증식 억제 항균성분이나 청결제는 일시적으로만 냄새를 가려주므로 칫솔질과 치실, 치간칫솔 등을 이용해서 철저히 입안을 관리하는 것이 바람직하다.

규칙적인 식사는 공복 시의 입 냄새를 줄일 수 있다. 파, 마늘, 양파, 겨자류는 입 냄새를 유발하는 황을 포함하고 있어 식후 흡수된 황이 숨을 쉬거나 이야기할 때 공기를 통해 나오게 된다. 육류는 단백질을 많이 포함하고 있어 세균이 황화합물을 만드는 좋은 영양분이 된다. 그러므로 입 냄새를 줄이기 위해서는 신선한 과일과 야채를 포함한 저지방 음식을 섭취하고, 녹차와 같은 허브티를 마시는 것도 좋다.

침의 분비가 적은 경우 물을 충분히 마시고, 침 분비량을 높이기 위한 입 체조 운동을 시행하도록 한다. 흡연과 음주는 입안 조직을 건조시키므로, 금연하고 과도한 음주를 피해야 한다. 심리적 긴장 상태는 입안을 건조하게 하므로 편안한 마음을 유지하기 위해 나만의 스트레스 대처 방법을 만들도록 한다.

5) 노년기 : 입안 건조증

① 입안 건조증 원인과 증상

침은 건강한 성인에게서 하루에 1,000ml~1,500ml 정도 분비된다. 주로 음식물을 씹는 도중에 나오며 수면이나 안정을 취할 때는 소량만이 분비된다. 침은 큰 분비샘과 작은 분비샘이 있는데 큰 분비샘은 이하선(귀밑샘), 악하선(턱밑샘), 설하선(혀밑샘) 등이 좌우에 세 쌍 있다. 이하선은 귀 앞쪽에 위치하며 가장 크고 삼각형 형태로 맑은 침이 윗 큰 어금니 근처 볼에서 분비된다. 악하선은 호두만한 크기로 아래턱 모서리 앞쪽에 위치하고 설하선은 혀를 들면 보이는 입의 바닥 부위에 위치하고 끈적이는 침을 혀 밑에서 분비한다. 입안 점막, 입천장, 잇몸 등에 작은 침선이 많이 있으며 점도가 높은 침이 분비된다.

입안에 침이 하나도 없다고 생각하면 비스킷 같은 음식물 섭취 시 입안에 가루가 붙고 삼키기 어려우며 입안 점막은 쉽게 상처가 나게 될 텐데 여기에서 우리는 침이 얼마나 중요한 역할을 하는지 알 수 있다. 입안 건조증을 일으키는 주된 원인은 노화, 약물 복용과 질환이다. 약 400~600여 종 이상의 약물이 입안 건조증을 일으키는 것으로 조사되었고, 특히 중추신경계 작용 약물은 뚜렷한 입안 건조증을 일으킨다. 40대 이후의 여성에서 주로 나타나는 쇼그렌 증후군은 면역계 질환으로 입안 건조증을 일으키고 악성종양 치료를 위해 방사선 치료를 받은 환자는 방사선 조사 후부터 침 분비가 급격히 감소하여 입안 건조증이 발생한다.

침은 지속적으로 입안을 깨끗하게 하는 자정작용을 한다. 또한 침은 입안점막 및 치아를 보호할 뿐만 아니라 항균물질로 입안 세균을 감소시킨다. 침은 산을 중화시켜 충치발생을 억제하고 칼슘, 인과 같은 무기질로 탈회된 치면을 다시 강화시킨다. 침이 부족하면 입안 점막의 바이러스, 세균 및 진균의 급성 감염 증상이 나타난다. 또한 충치 및 잇몸질환 발생이 증가하고 입안 곰팡이 감염, 혀 통증, 입 냄새, 미각(입맛) 이상, 입안궤양과 같은 입안 질환 발생에 영향을 미친다. 특히 혀 표면은 유두라고 하는 미세구조로 이루어진 특별한 입안 점막으로 덮여 있는데 노인의 경우 입안 건조증이 심하면 혀 점막에 균열, 지도상선, 모설과 같은 혀만의 독특한 짐막질환 증상이 나타난다. 그리고 입안 점막의 면역조절 기능에 이상이 있을 경우 입안 점막에 급성 또는 만성의 병소가 나타나는데 아프타성 궤양이 가장 흔한 종류이며, 그 외 편평태선, 유천포창 등도 발생한다.

입안 건조증 자가진단	
1. 입이 건조하다고 느낀다. 2. 비스켓, 가루 식품은 삼키기 어렵다. 3. 자는 도중에 물을 마시기 위해 일어난다. 4. 식사 할 때 입이 건조하다고 느낀다. 5. 음식을 먹는 도중 물을 자주 마신다.	6. 입이 건조해서 사탕 등을 자주 먹는다. 7. 특정 음식을 먹을 때 어려움을 느낀다. 8. 피부가 건조하다고 느낀다. 9. 눈이 건조하다고 느낀다. 10. 입술이 건조하다고 느낀다. 11. 코 속이 건조하다고 느낀다.
1점(전혀 느껴본 적 없다)부터 5점(매우 자주 느낀다)으로 평가(최저점 11점, 최고점 55점) 결과점수에 따라 입안 건조증의 심도를 확인	

*출처 : 치위협보(http://news.kdha.or.kr)

② **입안 건조증 치료**

입안 건조증이 전신과 관련된 것으로 의심되는 경우 치과병원에서는 바이오 마커 테스트, 간단한 침샘 생검을 통해 기능장애와 관련된 근본적인 병리학적 변화를 식별한다. 간단하게는 입안 건조증 증상을 모니터링 할 수 있는 주기적 타액 분비량을 측정하고 분당 타액 분비량이 0.3ml 이하인 경우 입안 건조증으로 진단한다. 입안 건조증이 심하면 침 분비량을 증가시키는 약을 처방한다. 침 분비 약제로는 살라겐이 있다. 5mg을 하루 세 번 투약하고 투여 후 15분이면 침 분비가 증가한다. 1시간이 지나면 자극이 극대화하고 2시간~3시간 정도 효과가 유지되지만, 수 주 이상 투여해야 입안 점막의 건조 및 위축 증상이 개선된다. 따라서 3개월 이상 투여하는 것이 바람직하다. 그러나 이 약물은 부교감 신경계를 항진시켜 발한, 오심, 현기, 홍조, 무력증 등의 부작용을 일으킬 수 있다. 천식, 녹내장, 위궤양 환자에게 사용해서는 안 되며 고혈압 등 심혈관계 질환이 있으면 주의해야 한다.

침의 분비 기능이 떨어진 환자는 기계적 자극, 미각, 약물에 의한 침 분비 자극 치료 등이 효과적이지 않으므로 침 대체 요법이 유일한 치료 방법이다. 침은 조성이 매우 복잡하고 기능이 다양해 인공 물질로 완전히 대체할 수는 없다. 그러나 인공 침으로 입안 점막의 습기를 유지시키는 것은 입안 건조증상을 완화하는 데 도움이 된다. 가장 쉬운 방법은 물을 마시는 것인데, 다량의 물을 한 번에 마시기보다는 조금씩 자주 마시는 것이 좋다. 식사 중에 물을 조금씩 마시면 삼킴작용을 돕고 미각을 개선시킬 수 있다. 우유는 침 대체물로서 적합한 여러 물질과 점도를 가지고 있어 건조한 조직의 보습과 윤활작용을 도와준다. 또한 입안 내 산성 물질을 중화하고 치아의 탈미네랄화를 방지하며, 칼슘과 인산성분은 치아 재광화에 도움을 준다.

안구건조, 입안건조 증상이 있는 쇼그렌 증후군 환자는 누선과 침선 분비를 감소시키는 이뇨제와 고혈압제, 항우울제를 피해야 한다. 쇼그렌 증후군은 말라리아 치료세로 쓰였던 클로로퀸(Hydroxychloroquine) 제제와 비스테로이드성 소염제를 일차적으로 사용한다. 전신 증상이 있는 경우 스테로이드와 면역억제제를 사용하기도 한다. 필로카핀 투여가 효과적이며 동시에 침 대체 요법으로 증상을 완화시키는 것이 중요하다.

③ 입안 건조증 예방법

물을 충분히 마시고 침 분비 자극 운동을 통해 침 분비량을 늘리도록 한다. 침선 기능이 어느 정도 남아 있는 환자는 침 분비를 자극하는 것이 가장 효율적이다. 침 분비자극에는 저작에 의한 기계적 자극과 미각 자극으로 침을 분비하는 방법과 약물을 이용한 방법 등이 있다. 무설탕껌, 사탕, 민트향을 사용하면 효과적으로 입안 건조 증상을 감소시킬 수 있다. 구연산 등 신맛을 내는 물질은 침 분비를 자극하기는 하지만 입안 점막에 자극적이고 치아의 탈미네랄화 위험성이 있어 제한적으로 사용해야 한다.

침 분비를 촉진하는 운동

① 코로 마시고 천천히 입으로 내쉬며 심호흡을 한다.

② 고개를 좌우로 돌린다.

③ 고개를 양옆으로 기울인다.

④ 어깨를 으쓱으쓱 상하운동 한다.

⑤ 팔을 들고 기지개를 켜듯 몸을 쭉 뻗어준다.

⑥ 입에 공기를 넣어 뺨을 부풀리고 빨아들인다.(2회~3회)

⑦ 혀를 내밀어 좌우의 입꼬리(구각)를 번갈아 건드려준다.

⑧ 크게 숨을 들여마시고, 멈추고 셋을 센 후에 뱉어내기를 반복한다.

⑨ "파파파파, 라라라라, 가가가"라고 천천히 말한다.

⑩ 심호흡을 한다.

입안 건강과
전신건강

입안 건강은 전신건강을 유지하는 것과 밀접한 관련이 있다. 우리는 소화기의 첫 단계인 입으로 음식을 씹고 삼키게 되며 이를 통해 영양섭취를 하게 되고 전신건강을 유지할 수 있다.

입안 건강은 전신질환과도 관련이 높다. 구강질환은 당뇨, 심혈관 질환, 호흡기 질환, 위장 및 췌장암과 같은 비전염성 질환과 밀접한 관련이 있는데 당뇨병 환자는 잇몸질환 발생 위험이 높고, 당뇨병이 잇몸질환 위험을 증가시키는 것처럼, 전신질환은 구강질환 위험을 증가시킨다. 반대로 잇몸질환이 있는 경우 입안 세균이 혈류를 타고 전신으로 이동하여 장기에 염증과 질병을 야기한다. 구강질환과 전신질환의 관련성에 관한 연구가 시행되었으며 잇몸질환이 있는 경우 당뇨 6배, 폐렴4.7배, 심장질환 2.7배, 뇌졸중 2.8배, 심혈관계질환

2배, 치매 위험은 1.7배 높은 것으로 조사되었으며 임산부의 경우 조산위험이 7.5배 높은 것으로 조사되었다.

1) 당뇨와 치과치료

당뇨환자는 체내 수분 배설이 증가하여 타액 분비가 감소하고 구강건조증, 치유 지연, 잇몸질환, 충치 발생 빈도가 높다. 특히 면역력이 저하되어 입안 세균에 의한 감염과 잇몸질환이 잘 발생한다. 혈액 내 포도당 농도가 조절되지 않는 경우 타액 내 포도당이 증가하고 입안의 세균에 의해 감염이 증가할 수 있다. 틀니를 쓰는 노인의 경우 틀니와 치아가 청결하게 관리되지 않는다면 캔디다 감염증, 편평태선 발생빈도도 증가한다. 그리고 감각이상, 타는 듯한 열감, 통증 등의 증상이 나타난다.

당뇨환자는 치과치료 전 정상적인 식사를 하고 오전에 예약하여 치료를 받는 것이 좋다. 당뇨병이 있으면 상처 치유가 지연되고 감염에 대한 감수성이 높아 혈당조절이 안 되면 단순한 감염으로 패혈증이 나타날 수도 있다. 중증도 이상 당뇨 환자는 임플란트, 잇몸수술, 발치 등 출혈이 있는 치료 전 내과치료 시 치과치료 진행 여부를 확인하고 치료 여부를 결정한다. 혈당이 조절되면 치료 후 감염 예방을 위해 항생제를 복용한 뒤에 치료를 받도록 한다. 저혈당 증상이 발생할 수 있으므로 주스, 사탕처럼 당이 높은 간식도 준비한다. 감염에 취약하기 때문에 치료 전후 가글액도 사용한다. 당뇨환자는 잇몸질환이 생기면 건강한 사람보다 치유시간이 오래 걸리기 때문에 정기적 치과 검사를 통해 질환이 발생하기 전 예방하고, 질환이 생기면 조기에 치료해야 한다.

2) 장기입원환자 보호자의 입안 관리

고령사회로 접어들면서 전신질환, 치매로 거동이 불편한 환자, 장기입원 환자가 증가하고 있다.

고령의 환자들은 자기관리 능력이 낮아 보호자의 관리가 필수적이다. 치아 유무에 따른 관리방법을 살펴보고 식후마다 관리하는 것을 권장한다. 면역력이 낮아지고 약물, 입을 벌리고 있는 시간이 많아 입안이 건조해진 상태이므로 조직에 상처가 될 수 있으니 관리 시 과도한 압력을 주지 않도록 한다. 보호자는 침상에서 45도 이상으로 환자의 등을 세운 뒤 베개로 등과 목을 받치고 고개를 아래로 숙이게 한다. 또한 대야를 환자 얼굴 밑에 두고 왼손으로 머리를 받치고 오른손으로 관리한다. 입안을 관리할 때 점막이나 혀에 구내염이나 붉게 변한 부위, 부어있는 부위가 있는지 잘 확인해야 한다.

● 치아가 있는 경우

미세모(약강도) 칫솔을 이용해 치아 각 면(볼 쪽, 혀 있는 쪽, 치아 사이, 씹는 면)을 관리해야 한다. 빠진 치아로 인해 치아 사이가 비어있다면 치아, 잇몸 경계 부위와 치아 사이 면을 잘 닦아주어야 한다. 이때 세게 한두 번 닦는 것보다는 약한 압력을 가해 같은 부위를 10번 이상 닦도록 한다. 잇몸부터 치아 끝쪽으로 쓸어서 10번 닦고 씹는 면은 짧게 10번씩, 혀는 환자에게 내밀게 한 후 닦는다. 가글할 때 물이 목으로 넘어가 사레들리지 않게 고개를 숙이도록 한다. 하루 한 번은 부위별 치간칫솔, 워터픽을 이용해 치아 사이를 관리하고 가글액을 머금을 수 있는 환자라면 칫솔질하고 30분 이상 지난 뒤 불소가 포함된 가글액으로 1분간 오물오물 입안을 움직이면서 양치하도록 한다.

● 치아가 없는 경우

이가 나지 않은 어린아이의 입안을 관리하는 구강청결티슈(Oral Swab)에 가글액이나 정수된 물을 묻혀 입안 점막 부위를 문지르면서 닦아준다. 거즈를 이용할 때엔 손가락에 구두 닦을 때 손가락에 천을 감듯 거즈를 손가락에 고정시키고 가글액이 흐르지 않을 정도로 적셔서 닦는다. 특히 입술과 잇몸뼈가 이어지는 깊은 부위에 음식 잔여물이 남지 않도록 잘 닦아야 한다. 혀는 환자에게 내밀게 한 후에 닦는다. 칫솔로 닦을 경우 부드러운 미세모로 잇몸을 부드럽게 쓸어주고 톡톡톡 두드려서 혈액순환을 촉진시킨다.

●틀니 관리

틀니는 떨어뜨리면 깨지므로 세면대에 물을 가득 채우고 세면대 가까이 손을 위치시켜 손에서 미끄러져도 깨지지 않도록 한다. 틀니 칫솔로는 반대편에 뾰족한 첨단칫솔이 있는 것을 선택하고 잇몸에 닿는 틀니 안쪽 구석구석을 틀니 전용세제로 닦는다. 전용세제가 없다면 그릇 씻는 용액 세제를 이용해야 한다. 치약을 사용하면 치약 안에 있는 작은 입자로 인해 틀니에 홈이 패이고 틀니가 세균 서식 장소가 된다. 입안을 관리할 때마다 틀니를 닦고 휴식할 수 있다. 잠자는 동안에는 틀니를 빼두는 것이 좋다. 빼둔 틀니는 폴리덴트와 같은 틀니 담가 두는 세정제에 넣어두어야 소독 효과도 있다. 세정제가 없다면 물에 담가 보관해야 한다.

틀니 관리하는 방법

① 식사 후마다 세정한다.

② 비누나 주방세제 등을 이용하여 솔질을 하거나 의치전용 칫솔 및 치약을 사용한다.

③ 세면대나 대야에 물을 받아놓고 그 위에 세척한다.

④ 컵에 물을 받고 의치를 물에 담가서 보관한다.

⑤ 치과에 주기적으로 내원하여 점검하며 필요시에는 의치를 보수한다.

● 임플란트 관리

충치와 잇몸질환이 심해 치아를 잃게 되면 임플란트 치료를 받게 된다. 임플란트는 다른 보철물과 달리 치아뿌리 역할을 하는 구조물을 잇몸뼈에 심어서 치아처럼 씹는 힘을 높일 수 있다. 평생 사용할 수 있지만 치아와 똑같이 관리를 못 한다면 임플란트도 치아처럼 빠지게 된다. 그러므로 임플란트를 오래 유지하려면 칫솔질을 꼼꼼히 하고 치간칫솔, 물사출기 등의 보조용품을 함께 사용하여 잇몸 주위를 철저히 관리해야 한다.

 현재 만 65세 이상은 임플란트 2개(평생), 틀니(7년에 1회)가 건강보험 지원이 되므로 활용하는 것이 좋다.

임플란트 관리하는 방법

① 처음 1년간은 부드러운 음식을 섭취한다.

② 임플란트 치아와 자연치를 골고루 사용한다.

③ 딱딱하거나 질긴 음식을 피하고 구강 악습관(이갈이, 한쪽으로만 씹기, 이 악물기 등)을 고친다.

④ 임플란트 치아를 청결하게 관리한다.

⑤ 방사선 촬영 등을 통해 임플란트 상태와 입안의 위생 상태를 정기적으로 점검한다.

3

웰에이징을 위한
입안 건강 지키기 수칙

세계 인구는 고령화되고 있으며 2050년에는 65세 이상 인구가 16.7%로 16억 명에 이르게 될 것으로 예측된다. 우리나라는 유례 없이 급속도로 고령화가 진행되고 있지만, 단기간에 형성된 고령화 사회에서 평균수명은 증가하였으나 건강 수명은 평균수명에 비해 10여 년 이상 짧다. 노인은 장기간 질병을 안고 살아가며, 이는 만성질환으로 이어져 의료비 증가로 인한 신체적, 정신적, 사회적 건강 상실 문제를 경험한다. 나이가 드는 것을 피할 수는 없다. 그렇다면 성공적인 노화, 건강한 노화, 생산적 노화 등 웰에이징(well-aging)을 실천할 수 있는 방법을 찾아야 한다.

성공적인 노화를 위해서는 무엇보다도 좋은 건강상태를 유지해야 한다. 또한 일상생활에 장애가 없고 높은 인지기능을 유지하며 좋은 사회적 관계, 삶의 만족도 등을 유지해야 한다. 웰에이징을 위해서는 각종 질병으로 인한 건강 상실 기간 증가를 예방하기 위한 건강 행동 관리가 필요하다. 질병, 장애와 같은 건강 불균형은 웰에이징에 부정적 영향을 미치며 나이가 증가할수록 전신건강과 함께 입안 건강은 삶의 질을 평가하는 중요 요인으로 작용한다.

입안 건강은 전신건강의 일부이며 입안 건강이 유지되지 않고서는 건강한 노화를 생각할 수 없다. 입안 건강의 상실은 저작, 연하, 발음 장애로 인한 영양 결핍, 사회생활에 영향을 미치므로 입안 건강 관련 신체적, 심리적, 사회적 삶의 질을 유지하는 것이 중요하다. 입안 건강은 생애주기별 관리가 중요하다. 치아우식증과 같은 구강 질환은 손상되면 자가회복이 안 되며 그로 인해 연령 증가에 따른 치아상실, 잇몸질환으로 인한 치조골 소실, 근력 소실, 선 분비의 감소 등의 구강변화를 유발해 저작, 연하, 발음, 심미 등 구강기능 장애를 일으킨다. 그러므로 구강질환은 발생 전 관리가 중요하다. 건강을 유지하고 관리하기 위해서는 건강의 중요성을 인식하고 건강관리를 실천하는 태도가 중요하다.

세계 치과의사연맹에서는 입안 건강을 위한 8가지 수칙을 제안하고 있다. 오늘부터 이를 숙지하고 실천한다면 건강한 치아를 평생 유지할 수 있을 것이다.

〈세계치과의사연맹이 제안하는 입안 건강을 위한 8가지 생활 수칙〉

1. 일반칫솔 또는 음파칫솔 등과 불소치약을 사용해 하루 2회 2분 이상 관리한다.
2. 양치 직후 곧바로 입안을 물로 헹구지 말고 치약을 먼저 뱉어낸다.
3. 스낵류 등 간식 및 당분이 높은 음료 섭취를 줄이고 건강한 식단을 유지한다.
4. 금연한다.
5. 알코올 섭취를 줄인다.
6. 풋볼, 복싱, 농구, 유도 등 격렬한 스포츠 활동 시에는 마우스가드를 착용한다.
7. 식후 양치가 불가능할 때는 불소함유의 입안 청결제를 사용하거나 무설탕껌을 씹는다.
8. 정기적으로 치과 전문의에게 검진 및 입안 세정을 받는다.

	주요 질환	점검 리스트 (치과 검진)
아동기 청소년기	충치 부정교합	• 방학(6개월)마다 정기검진 = 질환은 조기에 치료하기 • 초등학생까지 충치 발생이 높은 경우 3개월마다 검진 • 3세, 7세, 10세, 13세는 불소도포 • 7, 13세는 치아 홈 메우기 • 치아세균막 검사+구강관리교육 받기
성인기	잇몸질환 입 냄새	• 6개월마다 정기검진, 치석제거 (관리가 잘 되는 경우 연1회) • 초기에는 비 외과적 치료가 가능하므로 치과에서 꼭 검사 받기 • 입 냄새 원인(입안, 전신질환, 정신적 요인)에 따라 치료
노년기	입안 건조증	• 물 조금씩 자주 마시기 • 입 체조 운동, 침 분비 촉진 마사지하기 • 무설탕, 자일리톨 사탕 또는 껌 이용하기

4장

감염병 시대에
살아남기

신종 코로나바이러스감염증의 출현과 세계적 확산으로 인류 전체의 건

강 문제에 대한 공포와 혼란이 확산되고 있다. 코로나바이러스를 통해 보

았듯이 생애주기의 관점에서 65세 이상의 노년기에는 위협이 더욱 치명적

일 수 있으나, 영유아기에서 장년기에 이르는 전 연령대의 사람들 또한 주

의해야 한다. 세균과 바이러스 같은 병원체가 어떻게 전파되어 우리를 위

협하는지 들여다보고 일상 속에서 어떻게 감염 관리를 통해 웰에이징을 실

천할 것인가 살펴본다.

바이러스의 침입

　20세기 최악의 전염병으로 꼽히는 1918년 스페인 독감으로부터, 2003년 중증 급성 호흡기 증후군 사스, 2012년 중동 호흡기 증후군 메르스 등 인류는 끊임없이 바이러스로부터 위협을 당해 왔다. 그리고 지금 이 시간에도 코로나 19는 지속적으로 퍼지고 있다.

　영화에서 봄 직한 공포와 혼란의 상황이 신종 코로나바이러스감염증의 출현과 세계적 확산으로 나타났다. 특히 감염증은 65세 이상의 노인, 장기 요양 시설 생활자, 기저질환(만성 폐질환, 천식, 심폐질환, 면역 억제자, 당뇨병, 만성 신장 질환, 만성 간질환 등)을 가진 사람들에게 더 위험할 수 있다고 알려져서 인류의 불안감은 더욱 고조되고 있다. 생애주기의 관점에서 생각할 때, 신종 코로나바이러스를 비롯한 감염증은 65세 이상의 노년기 사람들에게 더욱 치명적일 수 있으나 사실상 영유아기에서 장년기에 이르는 전 연령대의 사람들 역시 주의해야 한다.

1) 코로나19가 출현하다

이번 신종 코로나바이러스는 2019년 12월 중국 후베이성 우한시에서 발생한 폐렴 환자에게서 최초로 확인되었다. 2020년 1월 9일 세계보건기구(WHO)는 새로운 유형의 코로나바이러스에 의해 폐렴이 발생하였다고 발표하였으며, 감염이 확산되자 1월 30일 '국제적 공중보건 비상사태(PHEIC)'를 공식적으로 선포하고, 2월 11일 신종 코로나바이러스 감염증의 공식명칭을 'Coronavirus disease-2019(COVID-19)'로 발표했다. COVID-19의 'CO'는 코로나, 'VI'는 바이러스, 'D'는 질환, 19는 발병 시기인 2019년을 뜻한다. 우리 정부도 2020년 2월 12일 신종 코로나바이러스 감염증의 한글 명칭을 '코로나바이러스감염증-19(코로나19)'로 발표했다.

코로나19는 사람 간에 전파되며, 대부분의 감염은 감염자가 기침, 재채기, 말하기, 노래 등을 통해서 호흡기 침방울(비말)을 다른 사람에게 전파하여 발생한다. 특히 거리가 중요한데 밀접접촉(주로 2m 이내)에서 발생한다. 현재까지 연구결과에 의하면 침방울 이외, 표면접촉, 공기 등을 통해서도 전파가 가능하나 공기전파는 환기가 부적절하게 이루어진 노래방, 커피숍, 주점, 실내운동 시설 등에서 감염자와 같이 있거나 감염자가 떠난 즉시 그 밀폐공간을 방문한 경우 등 특정 환경에서 제한적으로 이루어지는 것으로 알려져 있다.

2) 코로나19의 병원체

코로나19의 가장 흔한 증상은 발열, 마른기침, 피로이며 그 외에 후각 및 미각 소실, 근육통, 인후통, 콧물, 코막힘, 두통, 결막염, 설사, 피부 증상 등 다양한 증상이 나타날 수 있다. 이러한 증상은 보통 경미하고 점진적으로 나타난다. 어떤 사람들은 감염되어도 매우 약한 증상만 나타날 수 있다. 대부분의 환자들(약 80%)은 특별한 치료 없이 회복되지만 5명 중 1명 정도는 중증으로 진행할 수 있다. 고령자나 고혈압, 심폐질환, 당뇨병이나 암과 같은 기저질환이 있는 사람들은 중증으로 진행될 가능성이 높다.

국제바이러스분류위원회(ICTV)는 코로나19의 병원체를 사스(SARS, 중증급성호흡기증후군)의 원인 바이러스와 비슷하다는 점에서 Severe Acute Respiratory Syndrome-Coronavirus-2(SARS-CoV-2)로 명명하였다. 코로나바이러스(Coronavirus)는 코로나바이러스과(Family Coronaviridae)에 속하는 바이러스들을 지칭하며 1930년대 닭에서 처음 발견되었다. 코로나바이러스는 조류, 설치류 및 사람을 포함한

다양한 포유류에서 발견되는 RNA 바이러스로 전자현미경으로 보면 바이러스 입자 표면이 돌기모양으로 튀어나온 왕관(또는 태양) 모양을 하고 있다. 유전체의 크기는 27~32kb로 RNA 바이러스 중에서 가장 큰 바이러스이며 일반적인 DNA바이러스 보다 1,000배나 돌연변이 가능성이 크다.

지금까지 사람에게 질병을 유발하는 것으로 6종의 코로나바이러스가 알려져 있으나, 이번 신종 코로나바이러스의 출현으로 사람감염 코로나바이러스는 7종으로 확인되었다. 이전 6종의 코로나바이러스 가운데 4종의 바이러스(HCoV-229E, HCoV-OC43, HCoV-NL63, HKU1)는 경증에서 중등도의 호흡기질환을 일으키며, 나머지 2종은 최근 세계적으로 문제시되었던 SARS 코로나바이러스와 MERS 코로나바이러스로 심각한 호흡기 증후군을 일으킨다. 이번에 우한시 폐렴 환자에게서 확인된 7번째 신종 코로나바이러스는 SARS 및 MERS 코로나바이러스와 같이 박쥐에서 기원한 베타코로나바이러스 계통으로 유전자 분석 결과 박쥐 SARS 유사 코로나바이러스 유전체와 89.1%의 유사성을 갖는 것으로 보고되었다.

병원체의 감염경로

　세균과 바이러스 같은 병원체가 어떻게 전파되어 우리를 위협하는지 지금부터 들여다보자. 인류의 역사에는 날카로운 이빨을 가진 야생동물, 자연재해 등 수 많은 무서운 적이 있었지만 그중에서도 가장 강력한 적은 감염병이라고 할 수 있다. 1969년 홍콩독감은 세계에서 백만여 명을, 2009년 신종 플루는 세계에서 28만여 명을 죽음으로 몰아넣었다. 그밖에도 인류는 수많은 감염병과 싸워왔다. 감염이란 병원체(causative agents)인 병원미생물이 생체 내에 침입하여 증식한 상태를 말하며, 감염병은 질병에 걸린 사람에게서 질병에 걸리지 않은 사람에게로 병원체가 차례차례 전파되는 것을 말한다. 감염병 환자란 감염병 병원체가 인체에 침입하여 증상을 나타내는 사람으로서 진단을 통해 감염병이 확인된 사람을 말한다.(「감염병예방

1) 병원체는 어떻게 전파되어 우리를 위협하는가?

병원체의 감염경로에는 직접감염과 간접감염이 있다. 감염원과 직접 접촉함으로써 감염되는 악수나 키스, 성교 등의 접촉감염(contact infection)과, 호흡기계 감염병과 같이 환자에서 배출되는 타액, 객담, 대화 중에 비말(침방울)을 흡입함으로써 발생하는 비말감염(droplet spread) 등을 직접감염이라고 한다.

병원체가 환자나 보균자에게서 배설된 뒤 각종 동물이나 곤충, 어패류 등과 같은 활성매개체를 통해 감염되는 경우와 물, 공기, 식품, 토양, 환자가 사용하던 각종 물건과 같은 매개물(fomes)을 통하여 감염하는 경우를 간접감염이라고 한다. 병원체가 아무리 많이 존재해도 접촉을 차단 할 때에는 전염이 되지 않는다.

2) 병원체의 배출부위와 침입부위

질병의 종류에 따라 환자나 보균자가 병원체를 배출하는 부위가 다르다. 호흡기계는 주로 기침이나 대화중의 타액을 통해서 배출되며, 소화기계는 분변, 비뇨기계는 생식기의 분비물이나 소변을 통해서 배출된다.

병원체가 인체의 어느 부위로 침입하고, 어느 부위에 정착하는가는 배출의 경우와 마찬가지로 병원체에 따라 대략 정해져 있다. 상처가 없는 건강한 피부는 거의 병원체의 침입을 막고 있으나 모기(일본뇌염, 말라리아), 벼룩(페스트), 이(발진티푸스), 좀진드기(쯔쯔가무시병) 등의 자상이나 부적절한 주사, 수혈, 수술 등의 의료행위는 체내에 병원체의 침입을 용이하게 할 수 있다.

병원체의 침입 문호는 대개 점막이며, 호흡기계 감염증의 경우는 비인후강, 기관, 기관지 등의 점막으로, 소화기계 감염병은 경구적으로 섭취된 병원체가 장관점막으로 침입하여 감염을 일으킨다. 비뇨기나 생식기계의 점막도 역시 감염이 일어나기 쉬운 곳이다.

웰에이징을 위한
일상 속 감염관리

코로나19 사태로 바이러스와 세균에 대한 경각심이 높아지며 일상에서의 감염관리가 화두가 되고 있다. 자신의 생명과 가족, 사회를 지키기 위해 일상생활 속에서 감염관리는 매우 중요하게 되었다.

1) 일상을 보내는 공간은 병원미생물과의 전쟁터

세균이나 바이러스 같은 병원미생물은 인간의 건강과 생명을 지속적으로 위협하고 있으며 우리는 끊임없이 병원미생물과의 전쟁을 치르고 있다. 우리가 일상을 보내는 공간인 집, 회사, 학교 등은 병원미생물과의 전쟁터라고 해도 과언이 아니다.

나와 가족, 이웃, 사회를 위해서 일상생활 속에서 감염관리를 생활화하는 것이 매우 중요하다. 현재와 같이 감염병 유행의 시기에 감염관리의 기본원칙은 보건 당국의 지시를 따르고, 정확한 정보를 파악하여 적절한 예방조치를 취하고 스스로와 주변 사람을 보호하는 것이다.

2) 일상생활 속 감염관리의 실천

손 씻기는 감염성 미생물의 사람 간 확산을 방지하는 효과적인 방법이다. 손 씻기를 통해 장티푸스, A형간염, 세균성 이질이나 결핵, 인플루엔자, 감기 등 많은 감염병을 예방할 수 있다.

손을 올바른 방법으로 씻지 않으면 많은 병균이 손에 그대로 남아있게 되므로 손의 전체 부위(손바닥, 손등, 손가락 사이, 손톱 등)를 흐르는 물에 구석구석 깨끗하게 씻어야 한다. 손 씻기는 식품을 취급하거나 다른 사람들과 자주 신체 접촉을 하는 사람들에게 특히 중요하다. 또한 손을 자주 씻어서 생기는 피부 증상을 예방하기 위해 보습제, 핸드크림을 챙기는 것이 좋다. 비누와 물이 없는 경우 알코올을 60% 이상 함유한 손 소독제를 손 전체에 발라 마른 느낌이 들 때까지 손을 문지른다.

백신 접종은 감염을 예방하는 가장 효과적인 방법 중 하나이다.

임산부, 노인, 만성질환자 등 감염 위험이 큰 사람들은 위험을 낮추는 데 필요한 모든 백신 투여를 받아야 한다.

식당, 주점, 피트니스센터, 영화관 등 사람이 많은 곳에 가는 것은 감염 위험을 높이므로 사람 많은 곳이나 환기가 좋지 않은 곳에 가지 않는 것이 좋다. 실내에 들어가야 하면 되도록 창문과 문을 열어 신선한 공기가 들어오게 한다. 무증상으로 보이더라도 타인과 안전한 거리(1미터 이상)를 유지한다.

외출할 때에는 마스크를 착용하고, 실내에 있거나 대화를 할 때에도 쓰도록 한다. 기침과 재채기는 마스크를 착용한 상태에서 하고 되도록 빨리 깨끗한 새 마스크로 갈아 쓰고 손을 씻도록 한다. 마스크 미착용 상태에서 기침 또는 재채기를 할 때는 항상 입과 코를 티슈로 가리거나 팔꿈치 안쪽에 대고 한다.

자주 만지는 표면은 매일 청소와 소독을 하도록 한다. 자주 만지는 표면으로는 테이블, 문고리, 전등 스위치, 조리대, 손잡이, 책상, 전화기, 키보드, 화장실 변기, 수도꼭지, 싱크대 등이 있다. 이곳을 정기적으로 청소하면 표면의 병원체 수를 줄이고 표면 감염 위험을 줄일 수 있다. 문과 창문을 열어 집에 신선한 실외 공기 유입을 늘린다. 넓게 여는 것이 좋지만, 창문을 약간 열어 두어도 도움이 된다. 창문이나 문을 여는 것이 안전하지 않으면(예: 어린이가 있을 때, 천식 증상 유발, 실외 공기 오염 고수위 등) 욕실이나 주방 환기팬, 공기청정기 등 다른 방법을 활용할 수 있다.

매일 자신의 건강상태를 모니터하고 증상에 유의한다. 열, 기침, 숨가쁨 등의 증상이 있는지 관찰하고 증상이 있다면 의사의 진료를 받아야 한다. 몸이 좋지 않다면 집에서 쉬고 가급적 외출을 삼간다.

3) 웰에이징을 위한 유형별 감염 예방법

특히 노년기는 면역 기능이 저하되어 감염성 질환에 걸릴 위험이 높기 때문에 건강관리에 더욱 주의해야 한다. 일상생활 속에서 공기, 물 등 다양한 경로로 감염되는 유형별 감염병의 예방법을 알아보자,

공기 매개 감염은 병원체가 공기를 통해 감염되는 것으로 대표적으로 인플루엔자, 결핵 등이 있다. 공기 매개 감염을 예방하기 위해 기침을 할 때에는 휴지나 손수건, 옷소매로 입과 코를 가려주고, 기침을 한 뒤에는 비누와 흐르는 물로 30초 이상 손을 깨끗하게 씻어준다. 외출할 때에는 마스크를 착용하고, 65세 이상 노인은 전국 보건소와 지역 의료기관을 통해 인플루엔자, 폐렴구균 백신 등 예방접종을 받는다.

진드기 · 설치류매개 감염병은 주로 야외활동이나 작업을 할 때 진드기나 설치류를 통해 감염되며 대표적으로 쯔쯔가무시증과 신증

후군출혈열 등이 있다. 진드기·설치류매개 감염병을 예방하기 위해 야외활동이나 작업할 때 긴팔 옷과 긴바지를 입어 피부 노출을 최소화하고, 집에 돌아오면 입었던 옷은 세탁하고 곧바로 샤워를 한다. 야외활동을 한 뒤 고열, 두통, 설사 등의 증상이나 피부에 검은 딱지가 생길 경우 즉시 병원으로 가 진료를 받는다.

물·식품매개 감염병은 병원성 바이러스 또는 독성 물질에 오염된 물이나 식품 섭취를 통해 감염되며 대표적으로 비브리오패혈증, 콜레라, 노로바이러스 등이 있다. 물과 식품매개 감염병을 예방하기 위해 음식은 익히고 물은 끓여서 먹고, 채소와 과일은 깨끗한 물에 씻은 뒤 껍질을 벗기고 먹는다. 칼과 도마는 소독용 세제나 끓는 물 살균 소독기 등으로 소독을 한 뒤에 육류와 채소류를 구분해서 사용한다.

웰에이징을 위한 감염 예방 수칙

- 외출에서 돌아오면 30초 이상 손 씻기
- 기침을 할 때에는 손수건이나 휴지, 옷소매로 입과 코를 가리기
- 외출할 때에는 마스크를 꼭 착용하기
- 65세 이상 노인은 인플루엔자, 폐렴구균 백신을 접종받기
- 야외활동을 할 때에는 긴팔과 긴바지를 착용하기
- 음식은 익히고 물은 끓여서 먹기
- 칼과 도마는 소독한 뒤 재료별로 구분해서 사용하기

4

감염병 특성의
사회·경제적 측면

1) 언택트에서 온택트로의 이동

2020년 벽두부터 우리는 선택의 여지 없는 코로나 시대를 살게 되었다. 코로나-19의 팬데믹(pandemic)은 전 지구적 차원의 충격을 주었다. 코로나-19는 17종의 제1급 감염병에 속하는 위중한 질환이다. 감염병은 감염되지 않는 것이 매우 중요하며 곧 예방이 최선이다.

감염병을 예방하려면 어떤 준비가 필요할까? 무엇보다도 중요한 것은 '접촉'과 관련된 사항이다. 감염병을 피하려면 '비접촉'이 필요하다. 대상과 대상이, 사물과 사물이 서로 맞닿지 않아야 한다는 것이다. '3밀(密)'이라는 표현도 알아두어야겠다. 3밀은 밀집(密集), 밀접(密接), 밀폐(密閉)를 뜻한다. 감염병을 예방하려면 3밀을 멀리해야 한다. 한곳에 모이지 않고, 가까이하지 않으며, 막거나 닫지 않아야 한다는 의미이다.

최근 이와 같은 비접촉 또는 3밀 방지를 아우를 수 있는 용어로 언택트(untact)가 각광받고 있다. 언택트는 콘택트(contact)에 부정의 의미를 담은 언(un-)을 합성한 표현으로서 접촉을 피함을 뜻한다. 언택트에 관해서는 기술의 발전으로 점원과의 접촉 없이 물건을 구매하는 방식 등 새로운 소비 경향을 일컫거나, 여행에서 다른 여행자들과 거리를 일정하게 유지하고 접촉을 최소화하는 트렌드를 의미하기도 한다. 접촉을 없애거나 줄이는 이런 방식이 코로나-19 팬데믹의 시대에 절묘하게 부합하면서 언택트는 시대의 특성을 포착하는 용어로 거듭나게 되었다.

비접촉을 뜻하는 언택트(untact)는 감염병 예방이 사회적 화두로 떠오른 현실을 포괄할 수 있는 용어이다. 기존의 소통 방식인 콘택트(contact)로는 감염병 예방이나 확산을 막을 수 없기에 언택트의 등장은 인간의 생존을 돕는 새로운 희망과 같다. 코로나-19가 초래한 콘택트(contact)에서 언택트(untact)로의 이동은 다양한 감염병의 출현속에서 다음 단계로의 도약을 실천하고 있는지 모르겠다. 이른바 온택트(ontact)라는 용어가 등장하기 시작했기 때문이다.

온택트는 언택트(untact)에 온라인(on-line)을 합성한 표현이며, 접촉이 힘든 시대의 새로운 대안으로서 온라인에서의 소통을 강조한다. 앞으로 우리는 온라인에 의한 연결이 점점 강화되는 시대를 살아갈 것이다. 인터넷(Internet)으로 연결된 세계는 진정한 의미에서의 지구촌을 형성하게 된다. 온라인, 인터넷, 온택트는 거스를 수 없는 거대한 시대의 흐름을 보여주는 용어들이다. 우리 사회는 더 이상 오프라인(off-line), 콘택트만을 고집해서는 안 될 것이다. 선진국을 비롯한 많은 나라가 언택트의 상황에 적응하면서 대응책을 찾고 있다. 우리나라 역시 온라인, 인터넷, 온택트 등의 맥락을 잘 파악하고 준비해야 한다. 위기를 기회로 만드는 대한민국의 DNA가 필요한 시점이다.

2) 감염병 시대와 감염차단도시

역사적인 관점에서 감염병은 인류를 끊임없이 괴롭혀 왔다. 페스트, 인플루엔자, 콜레라, 말라리아, 결핵, 천연두, 에이즈 등 다양한 감염병들이 수시로 등장하여 인간과 그들이 살고 있는 사회를 공포에 몰아넣었다. 치명적인 위험성을 지닌 감염병으로부터 안전을 지키는 가장 좋은 방법은 예방일 것이다. 하지만 우리는 예방과 동시에 치료를 염두에 두지 않을 수 없다. 물론 질환에 걸리지 않는 게 최선일 테지만 만약의 상황도 가정해야 하기 때문이다.

2020년 이후 세계를 위협하고 있는 감염병에 바르게 대응하기 위해서는 적절한 예방법과 치료법이 필요하다. 밀집(密集), 밀접(密接),

밀폐(密閉) 등 이른바 '3밀(密)'을 막고 접촉을 차단하거나 최소화하는 언택트(untact) 트렌드를 적용하는 일은 코로나-19를 예방할 수 있는 효과적인 방법이다.

안타깝게도 위와 같은 노력에도 불구하고 감염병에 걸릴 수 있는 가능성은 남아 있다. 따라서 질환에 걸렸을 것으로 의심되는 인원을 신속하고 정확하게 찾아서 검사를 실시하는 일이 중요하다. 동시에 감염병에 걸린 것으로 확진된 인원을 최대한 빨리 적절한 장소로 격리하는 일도 반드시 필요하다. 감염병 관련 의심 인원을 찾아서 검사하고 확진 인원을 이동하는 이와 같은 일련의 과정을 매끄럽게 수행하는 데에 신기술 또는 첨단기술의 도움을 얻는 것은 유의미하다.

휴대 전화나 신용카드 등을 사용한 흔적을 포착하여 확진자의 동선을 파악하는 등 빅 데이터를 활용한 여러 방법은 감염병 치료에서 유효할 수 있다. 드라이브스루(drive-through)와 QR코드 사용도 감염병 확산을 예방하거나 확진자를 파악하는 데 도움이 된다. 정보통신기술과 인공지능 및 드론 등의 활용 역시 감염병 예방과 치료에 상당한 기여를 할 것이다.

신기술이나 첨단 기술을 활용한 감염병 대응 역량을 더욱 끌어올릴 수 있는 개념으로는 'Unfection City'가 있다. 「코로나19 신종감염병의 시대, 감염차단도시(Unfection City)로의 패러다임 전환」에 따르면 'Unfection City'에서 'Unfection'은 반대 또는 부정을 뜻하는 접두어 'un'과 감염을 의미하는 'infection'의 합성어로서 '감염을 차단하는' 또는 '비감염'을 의미한다. 이어지는 맥락에서 'Unfection City'는 감염병을 원천적으로 차단할 수 있도록 설계된 도시 곧 '감염차단 도시'를 뜻한다. 물론 이와 같은 감염차단 도시를 조성하기 위해서는 고도의 신기술이나 첨단기술이 필수적으로 개발되어야 할 것이다.

인간을 위협하는 감염병이 완전히 종식되는 일은 불가능에 가깝다. 우리가 감염병 예방법이나 치료법을 결코 소홀히 해서는 안 되는 이유가 여기에 있다. 감염병과 함께 살아야 하는 것은 인류의 피할 수 없는 운명이다. 앞으로도 인간은 적절한 기술을 사용하여 감염병을 관리하고 감염병에 대응할 것이다. 감염병이라는 치명적인 위협 앞에서도 우리는 인간으로서의 존엄을 지키며 건강하고 행복한 삶을 영위할 수 있도록 노력해야 한다.

5장

예술로 마음을
다스리는 방법

웰에이징을 위해서는 몸의 건강 못지않게 마음의 건강과 안정이 중요하다. 은퇴 후 예술을 활용하여 몸과 마음을 함께 다스리고 치유한다면 웰에이징의 삶에 한 걸음 더 다가갈 수 있다. 음악을 활용하여 스트레스 해소, 의사소통 능력 증진, 율동을 통한 인지적 심리적 신체적 능력 향상 등을 기대할 수 있으며 미술도 자신의 욕망, 의식, 경험 등을 시각화하여 그림으로 표현함으로써 치료와 치유의 효과를 얻을 수 있다. 또한 글쓰기는 생각을 정리하고 앞날을 계획하는 데 유용하기 때문에 웰에이징을 위해 권하는 활동이다.

웰에이징을 위해서는 몸의 건강 못지않게 마음의 건강과 안정이 중요하다. 은퇴 후 혹은 노년기에 이르러 등산, 수영, 골프, 배드민턴 등의 운동을 하거나 음악과 그림 취미를 가지려는 사람을 주변에서 많이 보게 된다. 운동도 마찬가지이지만 특히 음악, 그림과 같이 예술에 속하는 취미를 처음으로 시작하기는 쉽지 않다. 우선 이런 취미는 상당한 예비지식과 훈련이 필요하다는 생각이 앞서기 때문이다. 따라서 문화 예술에 대한 식견과 취미는 학창 시절부터 조금씩 갖추는 것이 좋고 이에 대한 기본적인 지식과 경험이 있다면 나이가 들어서도 얼마든지 다시 시작할 수 있을 것이다.

웰에이징을 위해, 특히 몸과 마음의 안정과 정신의 위안을 위해 추천하는 활동은 음악과 미술이다. 또한 글쓰기는 생각을 정리하고 앞날을 계획하는 데 유용하기 때문에 웰에이징을 위해 권하는 활동이다. 이 세 가지 종류의 취미 혹은 생활의 한 방편은 직접 악기를 연주하거나 노래를 부르는 활동, 그림을 그리거나 글을 쓰는 것은 물론 타인의 음악이나 그림을 감상하고 독서를 하는 것만으로도 정신의 즐거움과 마음의 안정을 얻을 수 있기 때문에 모든 세대에게 필요한 활동이 될 것이다.

음악의 특성과
치유 기능

1) 왜 음악인가?

아마 음악을 싫어하는 사람은 없을 것이다. 책이나 운동을 싫어한다는 사람은 종종 있지만 음악 자체에 관심이 없는 사람은 보기 드물다. 물론 음악을 듣는 것과 노래를 하는 것, 악기를 연주하는 것은 다른 일이다. 음악이라고 해도 팝을 포함한 대중가요부터 클래식까지 다양하기 때문에 연주와 감상 사이에서 그리고 음악의 장르에 따라 호불호가 갈릴 수밖에 없을 것이다. 다만 음악 자체를 편안하게 듣거나 적극적인 방식으로 감상하고 때로는 어떤 멜로디를 흥얼거리거나 마음에 울림이 있는 가사를 따라 부르는 일은 대부분의 사람들이 생활 속에서 자연스럽게 받아들이는 활동이다. 청각에 호소하는 음악은 그만큼 정서의 안정과 순화, 생활의 활력에 큰 도움이 되고, 새로운 취미를 시작하는 데 부딪치는 진입장벽이 낮고, 누구나 언제든지 마음만 먹으면 실천할 수 있는 활동이기 때문이다. 음악은 '소리와 청각'의 관계 속에서 심지어는 태아와 신생아에게도 자연스럽게 외부의 소리로써 노출된다. 성장기의 아이들 또한 교육을 통해 혹은 다양한 미디어를 접하게 되면서 음악을 쉽게 받아들이고 이해하여 생활화할 수 있는 조건에 놓일 수 있다. 이것이 우리가 음악을 자연스럽게 접할 수 있는 이유일 것이다.

2) 음악의 치유 효과

프랑스의 철학자 장 자크 루소는, "인간의 최초의 언어, 가장 보편적이고 가장 힘 있는 언어, 모여든 사람들을 설득하는 데 사용되기 전에 필요했던 유일한 언어는 자연의 외침이다"라고 말하며 의사소통의 기원을 소리라고 보았다. 이처럼 최초의 외침인 소리는 언어로 발전하며 음악과 결합하였고 타인에게 자신의 감정과 정서 등을 전달할 수 있게 되었다. 또한 음악은 억양과 리듬, 빠르기, 노래에 담긴 내용과 정서 등을 통해 상대방과의 소통을 가능하게 한다. 즉 음악의 첫 번째 기능은 언어와 소리의 결합을 통한 사람들 사이의 정서적 교감과 소통이다. 음악을 한다는 것은 감상은 물론 노래하기와 악기 연주까지 포함한다. '노래하기'의 경우 많은 사람들이 취미활동으로 가요교실 등에 참여하곤 하는데 이와 같은 활동을 통해 스트레스 해소는 물론 타인과의 의사소통 능력 증진, 율동을 통한 인지적, 심리적, 신체적 능력 향상이 가능하다.

특히 노년층 대상의 음악교육은 노화 방지와 우울감 회복에도 기여하는 것으로 알려져 있다. 음악은 기본적으로 청각 능력을 활성화하는 것이기 때문에 노년층에서 일어날 수 있는 청각 손실에 따른 소외감과 자존감 상실 문제에도 긍정적인 역할을 할 수 있다. 음악을 치료라는 관점에서 이해하면 듣기와 노래 부르기, 악기 연주는 청각은 물론 시간과 촉각까지 자극하여 쇠퇴한 기능을 회복시켜줄 수 있다.

노래 부르기를 통한 기억력 회복의 사례로 뇌졸중을 앓아 기억력과 말하기 기능을 거의 상실한 100세의 노인의 경우가 있다. 이 노인은 자녀들이 10대였을 때부터 가족이 모이면 자주 불렀던 미국민요 〈매기의 추억〉을 백수 잔치에서 자손들이 부르자 박수까지 치면서 가사 하나 틀리지 않고 따라 불렀다. 어린 시절에 들었던 음악의 멜로디는 청각영상에 머물러 있다가 평생의 기억으로 남기 때문에 이런 일이 가능한 것이다. 뿐만 아니라 노래 부르기는 율동을 통한 운동기능의 회복과 호흡을 통한 심폐기능의 향상에도 도움이 된다. 음악 활동이 집단으로 이루어질 경우 사회적 소속감을 심어주고 동질감을 찾는 데에도 기여할 수 있다.

3) 어떤 음악을 들을 것인가?

음악을 듣기로 결심했다면 어떤 종류의 음악을 들을 것인지 먼저 고심하게 된다. 흔히 음악 감상 하면 클래식이라는 편견이 있지만 꼭 어떤 종류의 음악을 들어야 할 이유는 없다. 우선은 자신에게 익숙하고 취미로 받아들이는 데에 부담이 없는 음악이면 좋을 것이다. 우리가 생활 속에서 취미로 들을 수 있는 음악의 종류는 무궁무진하다. 사람에 따라서는 듣는 것보다 노래를 부르거나 악기를 연주하는 것에 더 흥미를 느낄 수도 있을 것이다. 다만 수동적으로 가볍게 음악을 듣는 것보다는 약간의 노력이 더 필요할 것이다. 여기서는 음악 감상 취미와 음악의 치유효과를 고려했을 때 추천할 수 있는 음악의 장르에 대해 이야기해 보려고 한다.

4) 클래식은 서양음악인가?

클래식이 서양음악이라는 말은 맞기도 하고 틀리기도 하다. 클래식 음악은 18세기부터 교회와 궁정, 살롱 등을 중심으로 연주되어 온 유럽의 음악이라는 사실을 볼 때 그 기원이 서양음악임은 틀림없다. 하지만 300년이 넘는 시간을 통해 유럽의 음악은 천재 음악가들을 중심으로 전세계에서 연주되면서 인류의 음악이 되었다. 이는 오늘날 팝을 미국만의 음악이라고 생각하지 않는 것과도 같다. 특히 클래식은 처음부터 특정 국가의 음악이 아니었고 유럽 전역에서 연주되었으며 베토벤, 모차르트와 같은 작곡가의 곡은 지금까지도 반복해서 연주되고 있으니 이 음악은 유럽을 넘은 전 세계인의 예술 장르로 보는 것이 옳을 것이다.

음악 감상이라는 취미 차원에서 혹은 정서의 순화와 마음의 안정 차원에서, 경우에 따라서는 '치유'라는 목적에서 클래식을 듣는 것은 권장할 일이지만 아무래도 대중음악에 비해서는 입문을 위한 진입장벽이 높은 것은 사실이다. 우선 여러 악기들이 만들어내는 선율과 화음을 체계적으로 이해하기 어렵고 곡에 따라서는 난해하기 그지없는 '소리'로만 들릴 수도 있기 때문이다. 가곡이나 합창, 오페라 등도 언어적 장벽이 있어 쉽게 접근하고 친근감을 가지기 어려운 것은 마찬가지다.

클래식 음악의 입문을 위해 권하는 방법은 처음부터 고전음악의 역사나 이론을 체계적으로 배워야겠다는 욕심을 버리고 친숙하고 '대중적'이며 학창시절에 들은 적이 있을 법한 익숙한 곡부터 '배경음악'으로 '가볍게' 들어 보는 것이다. 클래식 음악에 입문하고 싶거나 클래식은 고리타분하고 이해하기 어려운 서양의 음악이라는 편견을 지닌 분들에게 가장 대중적이고 가장 많이 연주되는 작곡가의 음악부터 들어보기를 권한다. 다음은 세계적으로 가장 많이 연주되고 있는 클래식 작곡가와 오페라 순위를 집계한 표이다.

순위	2017년 작곡가 순위		순위	2017년 오페라 순위	공연횟수
1	모차르트		1	모차르트 《마술피리》	361
2	베토벤		2	베르디 《라 트라비아타》	317
3	바흐		3	비제 《카르멘》	291
4	브람스		4	푸치니 《라 보엠》	279
5	슈베르트		5	푸치니 《나비부인》	266
6	차이콥스키		6	푸치니 《토스카》	248
7	하이든		7	모차르트 《돈 지오반니》	223
8	슈만		8	모차르트 《피가로의 결혼》	171
9	헨델		9	베르디 《리골레토》	165
10	라벨		10	로시니 《세비야의 이발사》	147

*출처 : '바흐 트랙' 집계 클래식 작곡가와 오페라 순위

　이와 같이 클래식 작곡가와 오페라의 선호도를 조사한 순위가 음악 감상에 절대적인 기준은 아니지만 세계 음악 애호가들의 기호와 공연 음악계의 선호도를 반영한 결과이므로 처음 입문하려는 사람이나 기존의 음악 애호가들이 참고할 만한 자료가 될 것이다. 특히 모차르트와 베토벤, 바흐의 곡은 클래식 라디오 주파수를 통해 자주 흘러나오는 음악이고 학창시절 음악 감상 시간에 들었던 친숙한 음악이기에 취미활동은 물론 정서의 순화에도 도움을 줄 것이다. 실내악이나 교향곡에 비해 오페라는 언어의 장벽이 있고 스토리에 대한

1　음악전문 사이트 '바흐트랙'이 전세계에서 열리는 음악 공연을 집계하여 통계로 나타낸 자료이다.
　https://bachtrack.com/files/73896-Classical%20music%20statistics%202017-EN.pdf

이해도 필요하기 때문에 상대적으로 쉽게 접근하기 어려울 수도 있다. 하지만 위의 오페라 순위에서도 보듯이 선호되는 오페라 작곡가는 모차르트, 베르디, 푸치니, 로시니, 비제 등이 전부라고 해도 과언이 아닐 정도로 몇몇 인기 작곡가와 그들의 작품이 자주 공연장에 오른다. 또한 오페라라고 해서 그 내용과 가사의 의미를 전부 알아야지 곡의 감상이 가능한 것도 아니다. 따라서 오페라 감상이라는 조금 어려워 보이는 음악 취미를 시작하려는 이들은 선호되는 작곡가의 가장 대중적인 작품 감상부터 시작하고 그중 어디선가 들은 적이 있는 것 같은 작품을 집중적으로 듣는 것도 좋을 것이다. 예를 들어 도니체티의 오페라 《사랑의 묘약》에 나오는 '남몰래 흐르는 눈물'이나 베르디의 《라 트라비아타》의 '축배의 노래', 비제의 《투우사의 노래》는 누구나 쉽게 듣고 멜로디를 입에 올릴 수 있는 곡이다.

모차르트 음악의 치유 효과―모차르트 테라피

이른바 모차르트 테라피라는 것이 있다. 모차르트의 음악이 정신 건강은 물론 신체적 건강 치유에 특효약이라는 것이다. 모차르트 음악의 치유효과에 대해서는 여러 학자들이 연구했다. 그 중 통증을 덜어주는 음악요법 연구 전문가인 일본의 와고 하루히사는 "모차르트를 들으면 병이 낫는다"는 다소 과장 섞인 말로 음악의 치유 효과를 강조한다.[2] 그는 프랑스의 이비인후과 의사 토마티스 박사의 연구결과를 인용하며 특히 모차르트의 음악이 뇌 기능 활성화와 자세 교정, 스트레스 감소, 감수성 향상에 기여한다고 한다. 그는 모차르트 음악이 치유에 효과적인 이유로 첫째, 높은 주파수의 음이 풍부하여 신경계를 효과적으로 자극하고 둘째, 투명한 음색과 파동

---

2   와고 하루히사, 『모차르트 테라피』, 넥서스 BOOKS, 2005.

효과를 지니고 있으며 셋째, 호흡, 소화, 순환 등을 지배하는 자율신경인 부교감 신경을 자극하기 때문이라고 말하고 있다.

와고 하루히사가 말하는 음악 감상법은 1일 3회, 1회당 30분~40분씩 듣는 것이고 배경음악으로는 종일 듣는 것도 무방하다고 말한다. 지속해서 들을수록 치유효과가 높아지며 귀를 덮는 헤드폰을 권장하고 음악을 듣는 환경은 어두운 곳에서 눈을 감고 집중하는 것이 좋다.

모차르트 음악이 만병통치약이라는 입장에는 상당한 근거가 있지만 과장되어 보이기도 한다. 그럼에도 음악의 취미활동으로서의 가치, 정서와 심신의 안정에 기여하는 효과에 대해서는 누구도 부인하지 못할 것이다.

모차르트는 1756년에 태어난 오스트리아의 천재 음악가로서 35세에 요절하기까지 수많은 불후의 명곡을 남겼고 250년이 넘는 시간 동안 전세계에서 가장 많이 듣고 가장 많이 연주되는 음악이라는 점에서 그의 음악을 듣고 치유의 효과를 얻기를 권한다. 모차르트의 대표곡을 꼽기는 쉽지 않지만 가장 대중적이면서도 뛰어난 교향곡과 오페라를 고르면 다음과 같다.

모차르트의 대표곡들

1. 오페라와 성악곡: 《피가로의 결혼 K.492》, 《마술피리 K.620》, 《돈 지오반니 K.527》, 《레퀴엠 D단조 K.626》
2. 교향곡: 《교향곡 제40번 G단조 K.550》, 《교향곡 제41번 C장조 K.551》
3. 협주곡: 《피아노 협주곡 제20번 D단조 K.466》, 《피아노 협주곡 제21번 C장조 K.467》, 《바이올린 협주곡 제3번 G장조 K.216》, 《아이네 클라이네 나흐트 무지크

K.525), 《클라리넷 협주곡 A장조 K.622》
4. 독주곡: 《피아노 소나타 제11번 A장조 K.331》

5) 뮤지컬 공연 감상에 도전해 보기

음악 치유 프로그램에서는 클래식 음악을 추천하는 경우가 많다. 하지만 우리의 전통음악이나 대중가요라고 해서 스트레스의 해소와 심신의 안정에 기여하지 못할 이유는 없다. 다만 클래식 음악을 권하는 이유는 대중가요의 경우 많은 사람들이 일상에서 쉽고 자연스럽게 접하는 음악이고 연령과 장르에 따라서 선호도가 다르게 나타나지만 클래식은 오랜 세월 동안 세계인이 발전시켰고 많은 시간이 지나도 여전히 살아남은 명곡 중심의 음악이기 때문이다. 클래식은 아니지만 오페라에서 시작되었고 연극과 무용, 문학의 요소를 모두 포함하고 있는 뮤지컬 공연을 감상하는 것도 삶의 활력과 일상에서의 즐거움, 정서적 공감과 안정에 도움이 될 것이다.

우리나라에서는 뮤지컬 공연이 젊은 층의 취미로 여겨지곤 한다. 하지만 노년층 대상 음악 프로그램이나 사이버 대학의 교양강좌를 수강한 중장년층의 반응을 보면 젊은 시절의 문학과 연극에 대한 경험을 다시 일깨우는 의미 있는 시간이었다는 의견이 많았다. 이렇게 뮤지컬은 나이와 무관하게 모든 세대가 즐길 수 있으며, 클래식 음악과 달리 격식 없이 쉽고 자유롭게 취미로 삼을 수 있는 음악이자 공연 장르가 될 수 있다.

뮤지컬은 대중음악과 모든 장르의 춤과 연극이 결합되어 있어 이해하기보다는 보고 느끼는 것만으로도 즐거움을 느낄 수 있는 종합 무대예술이다. 만약 무대에서 이루어지는 현장 공연을 보기 어렵다면 영상 콘텐츠로 제작된 뮤지컬을 감상할 수 있고, MP3와 같은 음원을 통해서도 언제 어디에서나 대표곡들을 들을 수 있어 접근성이 용이하다.

뮤지컬은 "인류가 만들어낸 모든 예술 장르가 결합되어 있고 현대인의 문화적 욕구를 가장 잘 반영하는 종합예술"이라는 평가에 걸맞게 누구든지 취미로 삼을 수 있다. 특히 미국을 중심으로 1950년대부터 오늘날에 이르기까지 수많은 뮤지컬이 텔레비전과 영화 콘텐츠로 제작되었기 때문에 뮤지컬은 중장년층에게도 친숙할 수 있다. 전쟁 중의 남태평양을 배경으로 남녀의 사랑 이야기가 펼쳐지는 〈남태평양〉, 샴 왕국의 왕과 영국인 가정교사의 사랑을 그린 〈왕과 나〉, 아름다운 알프스를 배경으로 펼쳐지는 〈사운드 오브 뮤직〉은 많은 사람들이 기억하는 영화로 만들어진 추억의 뮤지컬이다.

뮤지컬에 입문하고 싶다면 세계 4대 뮤지컬을 중심으로, 대중적이면서도 뛰어난 작품성을 지닌 런던의 웨스트엔드와 뉴욕의 브로드웨이 태생의 뮤지컬 공연부터 감상해도 좋을 것이다. 여기에 좀 더 적극적으로 뮤지컬 공연을 감상하기를 원한다면 문학작품을 배경으로 한 작품을 찾아보고 나아가 뮤지컬의 특징과 감상법에 대해서도 조금 알아보는 것이 좋을 것이다.

세계 4대 뮤지컬

1. 〈오페라의 유령〉: 가스통 르루의 소설을 원작으로 한 작품. 파리 오페라 극장 지하에 살고 있는 흉측한 외모의 유령과 프리마돈나 크리스틴의 사랑 이야기를 그렸다.
2. 〈레 미제라블〉: 프랑스의 대문호 빅토르 위고의 소설을 배경으로 하는 작품. 혁명과 사랑을 다룬 오페라형 뮤지컬이다.
3. 〈캣츠〉: T. S. 엘리엇의 우화시를 각색하여 만든 작품으로 의인화된 고양이들의 축제가 펼쳐지는 뮤지컬이다.
4. 〈미스 사이공〉: 푸치니의 〈나비부인〉의 베트남 전쟁 버전. 미군과 베트남 여인의 사랑 이야기가 펼쳐진다.

문학작품을 배경으로 만든 뮤지컬

1. 〈노트르담 드 파리〉: 빅토르 위고의 원작이 배경이며 파리의 노트르담 성당을 중심으로 펼쳐지는 집시와 세 남자의 사랑 이야기를 그렸다.
2. 〈로미오와 줄리엣〉: 윌리엄 셰익스피어의 희곡을 현대적으로 각색한 프랑스산 뮤지컬
3. 〈몬테크리스토 백작〉: 알렉상드르 뒤마의 소설을 원작으로 하며 배신과 복수의 모험담이 펼쳐진다. 해외보다 우리나라에서 라이선스 공연으로 활발하게 무대에 오르는 뮤지컬이다.

세계 4대 뮤지컬이자 문학작품을 배경으로 만들어진 〈레 미제라블〉을 예로 들어 뮤지컬 감상법을 소개해 보기로 하자. 먼저 원작에 대해 알아보면 좋을 것이다. 〈레 미제라블〉의 원작은 프랑스 작

가 빅토르 위고의 장편 소설이다. 기회가 된다면 이 소설을 읽어보면 좋을 것이다. 만약 어렵다면 주인공 장 발장을 중심으로 이루어지는 이야기의 줄거리를 파악하는 것만으로도 작품의 이해에 도움이 된다.

다음으로 뮤지컬이 어느 나라에서 만들어졌고 초연이 어느 곳에서 이루어졌는지 알면 감상에 도움이 될 것이다. 예를 들어 〈레 미제라블〉은 프랑스산 뮤지컬이지만 영국의 세계적인 공연 기획자 카메론 매킨토시가 오늘날의 세계적인 공연으로 발전시켰다.

여기에 작곡자와 작사자, 연출자, 안무가, 주요 배우들에 대해 파악했다면 뮤지컬의 절반 이상은 이해한 것과 다름없다. 이제는 뮤지컬을 본격적으로 감상하는 일만 남아 있다. 뮤지컬을 제대로 감상하려면 공연실황 전체를 보는 것이 좋겠지만 대표곡 중심으로 몇몇 곡을 들으며 작품과 친숙해지고 점차 이해의 깊이를 더해 가는 것이 마음의 부담을 덜 수 있는 방법이다.

뮤지컬 〈레 미제라블〉의 대표곡

1. '노동의 노래' Work song
2. '나는 꿈을 꾸었네' I Dreamed a Dream
3. '나는 누구인가?' Who Am I?
4. '민중들의 노래 소리가 들리는가?' Do You Hear the People Sing?
5. '사랑으로 넘치는 마음' A Heart Full of Love
6. '다시 하루가 더 지나면' One Day More

나이가 중장년층이라고 해서 전통가요와 같은 특정한 연령층의 음악만 고집할 필요는 없다. 학창시절 좋아했던 슈베르트의 가곡을 다시 떠올리면 클래식 음악과도 친숙해지고 뮤지컬에도 취미를 들여 자녀와 공연장을 찾을 수도 있다. 음악을 통한 정서의 순화와 마음의 안정은 꼭 상담사를 찾아 치료를 받아야만 가능해지는 것이 아니다. 생활 속에서 음악에 대한 취미를 가지고 약간의 공부만으로도 이해의 깊이를 더할 수 있다면 음악이 삶의 위안이자 삶의 일부가 되는 놀라운 경험을 할 수 있을 것이다.

웰에이징과 미술

1) 미술 치료

어떤 대상을 관찰하고 시각적 이미지로 옮기는 일은 인류의 삶이 시작했을 때부터 있었던 일이다. 사람들은 눈을 통해 본 대상을 머릿속에서 관념화하고 그것을 구체적인 이미지로 나타내곤 했다. 시각화한다는 것은 추상적인 생각을 구체화하고 현실에 존재하는 형상으로 모사하는 것을 말한다. 사람들은 이처럼 그림이라는 이미지를 통해 마음속의 생각이나 현실의 대상을 옮김으로써 표현의 욕구를 충족시키곤 했다. 이렇게 시각적 아름다움을 표현하려는 욕구가 예술로 발전한 것이 바로 미술이다.

미술은 시각과 공간의 예술이지만 기본적으로 인간의 표현 욕구를 드러내고 정신 속에서 일어나는 다양한 욕망과 의식을 표출하는 작업이기 때문에 그 결과물인 그림을 통해 그린 사람의 내면세계를 읽을 수 있다. 그런 이유로 그림 감상과 그림을 그리는 활동을 우리는 심리 치유의 목적으로 사용할 수 있는 것이다. 또한 우리는 명화의 감상만으로도 마음의 안정과 위안을 얻을 수 있다. 집안이나 병실에 그림을 걸어두고, 일부러 먼 곳에 있는 미술관을 찾는 것도 그림이라는 시각 이미지로부터 얻을 수 있는 마음의 안정과 정서적 위안의 힘을 모두 알고 있기 때문이다. 중세 유럽에서 〈최후의 만찬〉을 비롯한 성화(聖畵)들이 많이 제작되었던 이유도 신앙심을 공고하게 만들고 신도들의 교화에 큰 힘을 발휘할 수 있는 그림의 힘을 교회가 잘 알고 있었기 때문이다.

그림이 가지고 있는 이런 시각적 영향력과 정서 효과에 주목하여 치료의 관점에서 미술을 생각해보기로 하자. 미술 치료의 출발점은 언어나 텍스트보다 즉각적으로 인식하고 반응할 수 있는 그림이라는 매체를 이용하여 내담자의 생각과 감정, 행동을 읽고 그것의 의미가 무엇인지 파악해내는 것이다. 치료자는 내담자에 대해 '자유롭게 그림 그리기', '주어진 그림에 대한 느낌 말하기', '꿈 그리기' 등을 통해 그 사람의 욕망, 분노, 기대 등을 파악한다. 다음으로 미술 치료는 자기실현의 과정이기도 하다. 무의식적인 심상을 의식화하는 과정을 통해 그 내용을 들여다보고 자기를 해방시킬 수 있다. 가면 혹은 외적 인격을 말하는 '페르소나'와 '자기'를 분리하여 구별

하고 외부 대상을 통해 투사된 무의식을 자기 안 이중의 자아로 인정하고 그것의 의미를 파악하는 것이다. 다만 개인이 자신이 표현한 그림이나 어떤 이미지를 보고 떠오른 생각을 스스로 판단하여 분석할 수 없기 때문에 미술 치료에는 전문가의 조력이 필요하다.

2) 미술 치료의 장점과 효과

그림을 통해 자신의 내면의 욕구를 파악하여 심리적 안정을 찾으려는 사람은 전문가의 조력을 얻을 수 있는 그림 치료 프로그램에 참가하는 것이 좋을 것이다. 그림 치료의 장점은 시작이 쉽고 내담자가 많은 준비를 하지 않아도 된다는 데 있다. 글을 쓰려면 사고의 일정한 개념화 과정과 문장의 규칙에 따라야 하기 때문에 내담자에게 상당한 부담 요인이 된다. 반면에 그림은 내담자가 이해하고 느낀 대로 자신의 수준에 맞추어 생각을 표현할 수 있다. 특히 시각적 자극은 쉽게 인지되면서도 강한 인상을 남기기 때문에 교육 수준에 관계없이 누구에게나 수용될 수 있고 반대로 감춰져 있는 의식을 구체화하기에도 용이하다.

미술 치료는 내담자가 직접 그림을 그리는 행위뿐이 아닌 아이의 그림부터 명화에 이르는 타인의 그림을 보고 자신의 생각이나 느낌을 말하는 행위도 포함하고 있다. 그림은 단순히 대상을 모사한 것이 아니라 그림을 그린 사람 혹은 화가의 의식과 무의식, 개인적 욕망과 억압, 사회적 의식 등이 동시에 혼재되어 있는 매체이기 때문이다. 화가는 자신의 욕망과 의식, 고통스러운 경험 등을 시각화시켜 그림으로 나타내는 과정을 통해 자신의 상처를 치유 받게 되는데 이는 작가가 글쓰기를 통해 내면의 기억을 재구성하고 객관화시켜 정신의 자유를 얻게 되는 과정과 유사하다.

3) 미술 치료 프로그램 및 사례

미술 치료 프로그램에 참여하면 처음부터 그림을 그리면서 상담을 시작하는 것이 아니라 상담자-내담자 사이의 친밀감을 형성하는 과정을 거치게 된다. 다음으로 내담자는 자신의 가족과 관련된 상황과 그들과의 관계에 대해 상담자에게 숨김없이 정보를 제공해야 한다. 상담자가 내담자가 그린 그림만으로는 그 사람과 관련된 모든 상황을 파악할 수 없으며 내담자에 대한 정보가 필요하다. 특히 가족과의 관계는 한 사람의 성장과정에 지대한 영향을 끼치기 때문에 매우 중요하다.

친밀감 형성 단계가 지나면 자기표현과 이해의 과정을 거치게 된다. 이 과정에서 내담자는 자기 생각을 그림으로 자유롭게 나타내게 된다. 내담자의 어린 시절부터 시작해서 현재의 잠재의식을 외부로

끌어내기 위해 백지 위에 자유롭게 그림을 그리고 그 결과물을 통해 의미를 찾아내는 방법이다. 그림의 수준이나 내용, 소요 시간은 중요하지 않으며 심리적으로 안정된 가운데 솔직하게 자신의 생각을 시각화하는 과정이 필요하다. 이 과정에서 상담자는 내담자의 의식이 표현된 그림을 두고 대화를 이어가며 그 사람의 내면에 좀 더 깊이 접근하게 된다. 상담자의 주요 역할 중 하나는 내담자의 생각을 이끌어내는 것이며 이를 위해서는 상대방의 생각에 공감하고 그의 말에 귀 기울이는 것이다. 반면에 내담자는 몸과 마음이 이완된 상태에서 상담자를 신뢰하며 자신의 생각을 솔직하게 드러낼 필요가 있다.

이상의 과정이 끝나면 상담자와 내담자 사이에 일종의 계약 또는 약속이 이루어진다. 내담자가 상담 과정을 통해 자신의 숨겨진 욕망과 상처, 가족과의 관계 등에 대해 충분히 말했다면 이제는 문제해결 과정으로 들어가게 된다. 문제를 해결하기 위해서는 변화의 목표가 제시되어야 하고 내담자가 감내해야 할 책임과 의무가 정해지며 가족의 역할과 책임이 명시된다. 이 모든 과정이 성공적으로 끝났다면 자기표현 단계에서 했던 그림 그리기 과정을 다시 거쳐 변화의 결과를 확인하고 그 결과물을 전시하는 것으로 그림 치료 과정은 끝이 난다.

단계별 그림치료 프로그램

단계	주제	내용
친밀감 형성	가족 상담	가족에 대한 정보 제공, 프로그램 오리엔테이션
	가족 검사	가족 심리 검사, 친밀감 형성
자기표현과 이해	그림과 도구, 색	그림과 색, 도구를 이용하여 내면의 의식 표현하기
	표현하기	모든 표현의 도구를 이용하여 바람, 분노, 감정 표현하기
문제해결	변화의 시작	변화의 목표를 정하고 책임과 의무를 명시하기
	말하기	가족 구성원과 적극적으로 소통하고 이해를 구하기
평가와 통합	변화를 확인하기	변화를 그림으로 확인하기, 통합 결과물 만들기
	사후 검사결과 확인	변화된 결과를 확인하고 결과물을 전시하기

4) 명화를 통한 내면의 상처의 극복

명화를 통한 상처 치유의 장점과 효과는 그림을 감상하는 가운데 이미지로 표현된 화가의 생각과 자아를 읽고 그것에 공감하는 과정을 통해 치유의 결과를 얻는 데 있다. 화가의 그림은 의식적, 무의식적인 동기에서 유발된 것이다. 즉 그림은 현실의 단순한 모사가 아니라 화가의 무의식과 자아를 드러낸 것이다. 화가는 자신의 욕망, 상처, 두려움, 기대 등의 내면세계를 그림으로 표출하는 과정을 통해 자신의 감정을 객관화하고 정신의 상처를 치유 받는 경험을 하게 된다. 반면에 관람객이나 내담자도 그림을 통해 화가의 경험을 간접적으로 읽고 해석하면서 '이해와 공감', '동일시', '거리두기' 과정을 거치며 간접적인 치유의 효과를 얻는다.

명화 감상은 누구나 쉽게 도전할 수 있다. 책으로 만들어진 도록이나 그림 파일로도 감상이 가능하고 기회가 된다면 미술관을 찾을 수도 있다. 처음부터 그림에 나타나 있는 기법과 미술사를 공부하겠다고 생각하면 명화 감상은 즐거움이 아니라 마음의 부담으로 작용할수 있다. 마음의 부담을 버리고 풍경화를 통해 자연의 아름다움을 느껴도 좋고 따뜻한 색감이 나타난 그림을 보면서 마음의 안정을 얻어도 좋을다. 시각을 통해 그림과 친해지는 첫 번째 단계가 끝나면 다양한 주제와 여러 시대의 그림을 찾아서 감상의 폭을 넓힐 수 있다. 여기에 미술 사조와 화가의 삶, 그림의 주제, 화가가 그림을 통해 말하려 했던 것들을 알게 되면 더 깊이 있는 경험을 하게 될 것이다.

서양 미술사에서 손꼽히는 명화 세 작품을 통해 그림의 주제를 알아보고 화가가 이 그림을 그렸을 때의 심리상태에 대해 살펴보기로 하자. 그림을 보면서 그림의 주제 혹은 화가와의 공감, 동일시, 마음의 치유가 이루어졌다면 벌써 미술 감상의 효과가 나타난 것이다.

첫 번째 그림은 노르웨이 화가 에드바르트 뭉크(1863~1944)가 그린 〈불안〉이다. 뭉크의 거의 모든 그림은 공포와 우울, 죽음으로 점철되어 있고 색채도 검은색과 붉은색이 중심이 된다. 어둡고 침울한 색채의 그림은 그의 삶과도 무관하지 않다. 뭉크는 어린 나이에 어머니를 잃었고 형제들도 죽거나 정신병원에서 지냈다. 그의 그림의 주제가 그의 삶 전체와 관련이 있다고는 할 수 없지만, 그는 자신의 정신적인 고통과 슬픔을 덮어두지 않고 그림을 통해 나타냈다.

에드바르트 뭉크 〈불안〉, 1894년

뭉크가 1894년 그린 〈불안〉을 보면 붉은색 하늘이 불타오르듯이 소용돌이치며 일렁이는 검은 수면과 뒤섞여 있다. 세 인물들의 퀭한 두 눈은 그들의 혼란과 정신분열, 우울을 그대로 보여주고 있다. 특히 동그랗게 뜬 큰 눈은 두려움과 근원적인 불안을 보여주는 듯싶으며, 멀리 마스크를 쓴 인물은 가면 뒤에 숨어 그들을 지켜보고 조롱하는 듯하다.

뭉크 자신도 죽음의 공포와 신경쇠약, 정신분열에 시달렸다. 다만 화가는 죽음에 대한 불안과 강박관념에 굴복하는 대신 대신 붓을 들어 죽음을 모티브로 그림을 그렸다. 우리가 어떤 대상을 객관화하고 그것을 창작의 대상으로 삼았다는 것은 이미 자신이 직면한 현실의 어려움을 극복하고 치유의 과정에 들어섰다는 것을 의미한다.

두 번째 그림은 오스트리아의 화가 에곤 실레(1890~1918)의 〈검은 질그릇이 있는 자화상〉이다. 실레는 동향인인 클림트에 비견되는 화

에곤 실레 〈검은 질그릇이 있는 자화상〉, 1911년

가이지만 여성의 아름다움과 사랑이라는 주제 대신 죽음에 대한 공포와 적나라한 성, 인간의 내밀한 욕망을 그림으로 솔직하게 표현했다. 〈검은 질그릇이 있는 자화상〉에는 환각에 사로잡혀 있는 듯한 화가의 모습이 경직된 자세로 나타나 있다. 이마의 주름과 크게 뜬 두 눈은 그의 불안과 두려움을 보여준다. 악어의 입처럼 벌어진 손가락은 방어적인 동작으로 보이지만 무엇을 의미하는지 알기 어렵다. 탁자 위에 놓여 있으면서 그의 얼굴의 반영인 듯한 검은 질그릇은 기괴하기까지 하다. 질그릇은 하나의 물건이 아니라 그의 또 다른 자아나 내면의 우울함과 불안을 반영하는 듯싶다.

에곤 실레는 100여 점이 넘는 자화상을 그렸다. 작가가 자서전을 쓰듯이 자화상을 그린다는 것은 자신의 삶과 현재의 나를 돌아보고 '나는 누구인가'라는 질문을 던지는 것이다. 그의 곁눈질하는 듯한 시선은 실레가 사시(斜視)였음을 말해주고 있으며 매독으로 죽은 아버지에 대한 기억과 그것에서 도피하고자 하는 시선으로 해석되기도 한다. 화가들의 수많은 자화상을 보면서 그 내면을 들여다보고 우리 자신의 자화상을 마음속에 그려보는 것도 좋을 것이다.

세 번째 그림은 이탈리아의 여성 화가 아르테미시아 젠틸레스키(1593~1656?)의 〈수산나와 두 늙은이〉이다. 두 남자가 벌거벗은 여자의 귀에 불편한 제안을 하고 있고 여자는 온몸으로 거부감을 나타내는 장면은 관람객을

아르테미시아 젠틸레스키 〈수산나와 두 늙은이〉, 1610년

상당히 불편하게 만든다. 이 그림은 성경의 다니엘서 13장의 이야기를 표현한 것이다. 욕조에서 막 나온 수산나를 숨어서 지켜보고 있던 두 장로가 갑자기 나타나 자신들의 성적 제안을 받아들이지 않으면 그녀를 간통으로 고발하겠다고 위협하는 장면이다. 이 시대에 간통은 곧 죽음을 의미했다. 때문에 수산나는 강한 거부만으로는 피하기 어려운 처지에 놓이게 된 것이다. 이 그림에는 엿보기 취미와 음욕, 위선이 나타나 있으며 배경인 구름은 신의 개입 가능성을 암시하고 있다.

이탈리아의 여성 화가인 아르테미시아는 바로크 시대를 대표하

는 뛰어난 화가이지만 어린 시절의 상처로 큰 고통을 받았다. 그녀는 아버지의 동료 화가이자 스승에게 강간을 당하고 법정에서 긴 싸움을 이어가야 했다. 성경과 그림 속 수산나의 경우처럼 남성 중심의 사회에서 여성이 자신의 결백을 밝히고 권력자를 고발하기는 쉽지 않았을 것이다. 하지만 그녀는 순결주의를 거부하고 자신의 상처를 그림을 통해 당당하게 드러내며 자기에게 고통을 준 사람들을 고발하고 있다. 그러면서도 그림 속 여인에게서 보듯이 여성의 아름다움을 유지하고 있다.

이처럼 화가는 어린 시절의 상처와 고통에 무너지거나 좌절하지 않고 창작활동을 통해 그것에 맞섬으로써 새로운 삶을 다시 살아갈 동력을 얻는다. 화가의 경험을 통해 우리는 어린 시절의 상처는 그 이후의 삶을 뒤틀리게 만드는 일종의 트라우마가 아니라 극복의 대상이며 이를 어떻게 받아들이는가에 따라 얼마든지 새 삶을 다시 시작할 수 있음을 배우게 된다.

3

자전적 글쓰기의
필요성

1) 왜 글을 쓰는가?

글쓰기는 본질적으로 의사소통의 욕구에서 비롯되었다. 글을 쓰는 사람과 읽는 사람과의 문자를 통한 소통을 통해 정보의 전달은 물론 생각과 감정을 주고받는 사회적 삶의 본질적인 활동이 가능하다. 글쓰기는 자기성찰의 도구이기도 하다. 사람은 글을 쓰는 과정에서 지나온 삶을 돌아보게 되고, 자신의 내면 깊숙한 곳으로 들어가 '나는 누구인가?', '왜 살아야 하는가?', '어떻게 살아야 하는가?'와 같은 삶에 대한 본질적이고 실존적인 질문을 하게 된다. 말을 통한 의사소통은 상대방과 얼굴을 맞댄 상황에서 실시간으로 이루어지는 반면에 글을 통한 의사소통은 생각이 문자화되는 과정에서 '시간의 지연'이 나타나고 '성찰과 반성'이 뒤따르며 타인은 물론 자기 자신과의 대화를 하게 된다.

글쓰기는 사회적 행위이기도 하다. 사람이 정상적인 사고체계를 유지하고 타인과의 직·간접적인 소통을 통해 자신의 존재를 정당화하고 인정받기 위해서도 글쓰기는 필수적인 행위이다. 사람이 사회적 소통이 불가능한 상황에 놓이거나 삶을 정리할 시기가 오면 먼저 자기 생각을 기록하고 싶고 타인과 소통하고 싶은 욕구에 사로잡히는 것도 글쓰기를 통해 사회적 존재로서 인정받고자 하는 행위에 다름 아니다. 자서전이나 회고록은 유명 인사들만의 전유물이 아니다. 모든 사람의 삶은 가치 있고 의미 있다. 자신이 살아온 삶과 현재의 생각, 미래의 기대 등을 남기고자 하는 것은 누구나 가지게 되는 자연스러운 바람이다. 자서전이 부담스럽다면 '남기는 글'이나 '나의 삶 00년' 등의 이름으로 그야말로 지나온 삶과 생각을 기록하면 된다.

자서전 쓰기의 한 사례를 보기로 하자. 프랑스의 철학자 장 자크 루소Jean Jacques Rousseau는(1712~1778)는 1764년 52세의 나이에 이르러 『고백Les Confessions』이라는 이름의 자서전을 쓰기로 결심한다. 루소의 『고백』은 아우구스티누스, 톨스토이의 『고백록』과 더불어 세계 3대 고백록으로 손꼽힌다. 그 이유는 그들의 삶이 후대에도 가치 있는 삶으로 평가받았고 무엇보다도 진실한 기록이었기 때문이다. 루소가 글(책)을 통해 고백을 한 이유는 자신의 지나온 삶을 뒤돌아보고, 자신에 대해 혹은 타인에 대해 잘못한 것을 고백하고 뉘우치며, 세상의 오해에 대해 적극적으로 해명하기 위함이었다.

장 자크 루소의 「고백」 서문

나는 일찍이 전례가 없고 어떤 모방자도 결코 실행하지 못할 계획을 세우고 있다. 나는 나를 닮은 사람들에게 한 인간을 온전하게 있는 그대로 보여주고 싶다. 그 인간은 바로 나일 것이다.

나는 혼자이다. 나는 내 마음을 느끼고 사람들을 알고 있다. 나는 내가 알던 사람들 누구와도 같지 않다. 외람되지만 나는 살아있는 어느 누구와도 같은 사람이 아니라고 생각한다. 내가 더 낫지는 않더라도 적어도 나는 다른 사람이다. 자연은 잘했건 못했건 나를 만든 거푸집을 산산조각 내버렸는데, 그 일에 대해서는 내 글을 읽고 난 이후에야 판단할 수 있다.

최후의 심판 나팔이 울리면 언제든지 나는 이 책을 손에 들고 신 앞에 나아갈 것이다. 나는 큰 소리로 말할 것이다. "이것이 제가 한 행적이고, 제가 한 생각이며 과거의 제 모습입니다. 저는 선과 악을 모두 솔직하게 고했습니다. 나쁜 점을 전혀 숨기지 않았고 좋은 점이라 해도 전혀 덧붙이지 않았습니다. 어쩌다 사소한 윤문을 했더라도 그저 제 부족한 기억력 탓에 생긴 공백을 메우려 했던 것일 따름입니다. 저는 제가 알기로 진실일 수 있는 것은 진실이라고 여길 수 있었지만 거짓이라고 아는 것은 결코 그렇게 할 수 없었습니다. 저는 과거의 제 모습을 있는 그대로 드러냈습니다. 제가 비열하고 비천했을 때는 비열하고 비천하게, 선량하고 관대하고 고귀했을 때는 선량하고 관대하고 고귀하게 말입니다. 저는 제 내면을 당신께서 몸소 보신 그대로 드러냈습니다. 신이시여, 제 주위에 수없이 많은 저와 같은 사람들을 모아주소서. 저들이 제 고백을 듣고 제 비열함에 한탄하며 제 불행에 얼굴을 붉히게 해주소서. 저들이 저마다 당신의 권좌의 밑에서 차례로 솔직하게 자신의 마음을 털어놓게 하소서. 그러고 나서 단 한 명이라도 감히 할 수만 있다면 '저는 좀 전의 그 사람보다 더 솔직했습니다'라고 당신께 고하게 하소서."

장 자크 루소, 「고백」, 책세상, 2014.

장 자크 루소의 자서전 서문에서 보듯이 '나를 드러내는 글쓰기'에서 가장 중요한 것은 고백의 진실성이다. 지나온 삶을 미화하거나 진실을 감추고 왜곡하며 타인에게 호감을 불러일으키기 위해 쓰는 글은 오히려 정신적, 심리적 상처를 크게 만들어 마음의 안정과 위안을 가져오지 않는다. 나를 드러내고 표현하는 글은 진실한 마음에서 우러나오는 생각을 있는 그대로 드러낼 때 치료의 효과가 최대로 나타날 수 있다. 자서전 쓰기의 원칙은 다음과 같다.

① 진실하게 쓸 것
② 미화하지 말 것
③ 왜곡하지 말 것
④ 자신을 솔직하게 드러낼 것

2) 자서전 쓰기

누구든지 중·장년기를 넘어 노년기에 이르면 자신의 삶을 기록하고 싶은 충동이나 계획이 생기기 마련이다. 지나온 삶을 기억하여 기록으로 남기고 남은 삶을 계획하며 하고 싶은 말을 쓰고 싶은 생각은 인간의 기본적인 욕구이기 때문이다. 다만 왜 자서전을 쓰고, 무엇을 남기고 싶은지, 그것을 누구에게 남길 것인지 생각을 정리하면서 자서전을 쓰면 좀 더 구체적이고 체계적이며 기록으로서 가치가 있는 글을 쓸 수 있을 것이다. 자서전을 쓰는 이유를 질문과 바람을 통해 몇 가지로 정리해보자.

(1) 자신의 삶을 기록으로 남기기 위한 목적 : '나는 누구인가?' '나의 삶을 돌아보는 과정 속에서 자신에 대해 더 잘 알 수 있지 않을까?' '남은 삶을 어떻게 살 것인가?'

(2) 가족과 지인에게 기록을 남기기 위한 목적 : '나의 가족이 나를 기억했으면 좋겠어.' '아들과 딸이 부모에 대해 알고 내가 죽은 다음에도 인생의 방향을 정하는 데 도움이 되는 말을 남기고 싶어.' '친척들, 지인들이 나에 대해 기억하고 내가 헛되이 살지 않았다는 것을 기억해 주었으면 좋겠어.'

(3) 사회적 기록을 남기려는 목적 : '내가 이룬 사회적 성취에 대해 보다 많은 사람들이 알아주었으면 좋겠어.' '나의 삶이 나름대로 가치 있었고 의미 있었다는 것을 보다 많은 사람들에게 알리고 싶어.' '내가 이룬 성과를 알려서 사회에 도움이 되었으면 좋겠어.'

3) 자서전 쓰기는 왜 어려운가?

자기 삶의 전 과정을 모두 기록하고 남기는 일은 어쩌면 불가능에 가까운 작업이 될 것이다. 우선은 기억과 기록의 한계가 있을 것이고 자서전을 쓰는 과정에서 자연스럽게 무엇을 남기고 버릴 것인지 선택을 해야 하기 때문이다. 많은 작가들이 자서전 쓰기를 불가능에 도전하는 모험처럼 생각하고 기억의 오류, 왜곡에 맞서 나를 기록하려고 했다.

반면에 처음부터 내가 살아온 삶의 모든 과정을 남김없이 기록하는 일이 과연 가치 있고 꼭 필요한 일인지 반문해 볼 수도 있다. 자서전을 쓰는 일에 어려움이 크다면 자신이 기억하는 만큼 그리고 말하고 싶은 만큼만 쓰면 된다고 생각하면 마음의 부담이 훨씬 적을 것이다. 그럼에도 자서전 쓰기가 어려운 이유는 글쓰기 자체의 문제 때문이다. 아무리 기억이 완전하고 기록이 있고 남기고 싶은 말이 있어도 그것을 표현하는 데 어려움이 있다면 자서전 쓰기는 처음부터 어려움에 놓일 것이다. 유명인의 자서전이나 회고록 형태는 아니더라도 '남기는 말', '남기는 글' 형식의 기록 정도라면 자신의 글쓰기 수준과 목표에 따라 도전할 수 있을 것이다. 다음은 일종의 자서전 형식을 취하면서 쉽게 남길 수 있는 글의 방식이다.

(1) 일기로 남기기 : 평소 기록했던 일기를 정리하여 연대기 순으로 작성하기
(2) 패밀리 트리 등 이미지, 사진을 활용하여 남기기 : 나무 이미지를 중심으로 가족과 친척의 이름을 배치한 뒤 사진으로 나

타내고 간단한 메모를 남기기. 사진으로 자서전을 주제에 따라 정리하고 내용을 글로 간략하기 남기기.

(3) 구술하여 기록으로 남기기 : 직접 글을 쓰기 어려운 상황이라면 구술한 뒤 타인의 도움을 받아 기록으로 남기고 확인하는 방식을 취하기

4) 자서전 쓰기의 실제 : 어린 시절부터 노년기까지 이어지는 기억의 연쇄

① 어린 시절의 기억

유년기의 기억은 이후의 삶의 방향을 정하고 인격 형성에 기반이 된다는 점에서 대단히 중요한 시기이며, 자서전 쓰기에서는 출발점이 되는 시간이다. 대개 출생부터 초등학교 시절까지 기술하게 되는데 조부모와 부모의 이야기, 출생 시기 집안의 상황, 최초에 살았던 집 등에 대해 언급하면서 이야기를 시작할 수 있을 것이다. 다음으로 가족과 친구들, 정서적, 감정적 상태, 어린아이로서 가장 기쁘거나 슬펐던 경험 등을 기억해낼 수 있다. 마지막으로 이 시기에 품었던 꿈과 가치관, 가장 소중한 것, 집안의 기쁨과 슬픔, 가족과의 관계, 유년기의 끝 등을 주제로 이야기를 전개할 수 있다. 자서전을 쓰는 시기가 중ㆍ장년기 이후라면 상당한 시간적 거리가 있기 때문에

온전히 기억에 의존하여 글을 쓰게 된다. 기억을 되살리기 위해서는, '부모, 친구, 소풍, 책, 영화' 등과 같이 구체적인 글의 소재를 출발점으로 삼아 기억을 확장하는 작업이 필요하다.

② 학창시절의 기억

청소년 시기이도 한 학창시절은 신체적, 정서적 변화가 크고 성인기로 가기 위한 중간단계이다. 또한 그 자체로서 인생의 가장 중요하고 평생 기억에 남는 시간이다. 유년기의 꿈이 추상적인 것이었다면 이 시기의 꿈은 독서와 학업, 사람과의 만남 등을 통해 구체화되고 실현을 위한 단계에 놓이게 된다. 이 시기에도 가족은 여전의 나의 삶을 규정하는 데 중요한 역할을 한다. 다만 가족이 유년기의 보호자 역할에만 머물지 않고 때로는 갈등과 상처의 원인이 될 수 있음을 부정할 수 없다. 다음으로 자신이 다녔던 학교와 선생님, 친구에 대해 구체적으로 기술할 수 있다. 그 시절 함께했던 장소, 음악, 영화부터 우정, 다툼, 사랑, 가장 중요한 일, 여행, 존경한 인물 등에 대해 쓸 수 있다. 마지막으로 학창시절은 미래의 기대와 희망이 구체화되는 시기이기 때문에 사회진출 이후의 직업, 하고 싶은 일, 이루지 못한 꿈 등을 현재의 나와 관련시켜 상세하게 쓸 수 있다. 자서전을 쓰면서 항상 주의할 점은 자신이 겪은 일과 기억을 의도적으로 왜곡하거나 미화하려는 유혹에서 벗어나는 것이다. 있는 그대로의 자신을 드러낼 때 온전하게 스스로를 바라볼 수 있으며 과거의 아픈 기억에서도 벗어날 수 있기 때문이다.

③ 성인으로서, 사회인으로서의 활동

이 시기는 성인으로서 사회에 진출하여 사회의 한 구성원으로서 가정을 이루며 살아가는 때이다. 모든 사람들의 경험이 동일할 수는 없지만 남성은 대부분 군대를 다녀오고 취업을 하고 결혼을 하여 가정을 이루게 된다. 여성의 경우도 직장생활과 결혼, 출산의 경험을 하게 된다. 물론 독신으로 살거나 조금은 '다른 삶'을 술 수도 있겠지만 개인보다는 사회의 한 구성원으로 삶의 비중이 커지는 시기임은 틀림없다. 이 시기에 일어날 수 있는 주요 사건을 중심으로 자서전을 구성하면 먼저 첫 직장과 직업에서의 업무, 인간관계, 성취 등을 이야기할 수 있고 처음으로 집을 떠나 생활한 경험, 자신감과 좌절, 사회적 만남 등에 대해서도 언급할 수 있을 것이다. 무엇보다도 이 시기에는 결혼을 하여 가정을 이루는 경우가 많기 때문에 배우자와의 첫 만남, 결혼에 이르기까지의 과정, 결혼생활의 기쁨과 어려움, 첫 자녀를 얻은 기쁨, 부부 혹은 자녀와의 추억 등에 대해 쓸 수 있다.

④ 중장년기의 삶

중장년기는 사회적, 경제적 안정기인 동시에 경우에 따라서는 정신적, 경제적 위기를 겪게 되는 매우 역동적인 시기가 될 수도 있다.

누구든지 직장에서 사회적 성취를 이루고 경제적 여유를 누리며 자녀를 출가시키고 안락한 노년의 삶을 준비하려는 생각을 하기 마련이다. 이와 같은 기대와 바람이 온전하게 이루어지면 좋겠지만 한두 가지 정도는 이루지 못할 수도 있다. 때로는 예기치 못한 질병에 시달리기도 한다. 이 시기를 기록하는 자서전의 주요 내용은 배우자와의 관계, 자녀의 성장과 출가, 직장생활의 기쁨과 어려움, 40대 혹은 50대에 접어들어 느끼는 정신적 상태, 여가생활, 의미 있는 사건, 인생의 전환점 등이 될 것이다.

⑤ 노년기의 삶

주지하다시피 이 시기는 인생을 마무리하고 안정된 노년의 삶을 보내는 시간이다. 중장년기와 마찬가지로 누구든지 경제적 안정과 자녀의 행복, 배우자와의 안정된 삶을 꿈꾸지만 개인의 상황에 따라 그 결과는 다르게 나타날 것이다. 무엇보다도 경제적 안정과 건강이 노년의 삶에 큰 영향을 끼치며 배우자, 친구들과의 관계도 정서적 안정에 영향을 준다. 노년기 자서전의 주요 내용은 경제적 문제, 배우자, 자녀와의 관계, 여가생활, 건강상태, 친지와 친구, 여행 등이 될 것이다. 정신적 문제도 빼놓을 수 없다. 인생의 후반기에 느끼는 지나온 삶과 남은 삶에 대한 소회, 행복의 의미 묻기, 인생의 회한, 남은 삶의 계획 등도 기록할 수 있다. 특히 노년기의 자서전은 지나온 삶을 정리하고 남은 삶을 계획하는 가운데 가족들에게 혹은 가까운 사람들에게 꼭 남기고 싶은 말을 기록하게 된다.

6장

여가활동과
봉사활동

자원봉사 활동은 공동체 의식을 강화하는 중요한 행위로, 공동체를 유지하는 데 꼭 필요하다. 개인의 역할은 생애주기에 따라 변하는데. 자원봉사는 집단 안에서 개인이 무엇을 어떻게 행동해야 할지에 대한 사회적 의미를 준다. 더불어 자원봉사는 개인의 안녕감과 단편적 만족감보다는 사회적 기여를 통해 개인적 성취감을 달성하도록 도와 사회적 발달을 도와주기 때문에 사회생활을 통해 지속 가능한 웰에이징(well-aging)을 추구하며 살아가는 개인에게 매우 유용한 행위라 할 수 있다.

1

자원봉사와 웰에이징

　인간의 모든 행위에는 동기가 있기 마련이다. 일반적으로 모든 개인은 자신의 입장에서 일차적 이익이 되는 행위를 우선시하게 된다. 그럼에도 불구하고 자신의 이익보다 타인의 이익 그리고 이를 넘어 사회적 선(good)을 추구하는 행동도 존재하는데, 그렇다면 이러한 행동은 인간의 어떤 동기로부터 설명할 수 있을까? 행위를 설명하기 위한 여러 가지 방식이 있겠지만, 일반적으로는 인간의 욕구를 기반으로 하여 이를 이해할 수 있다. 이론적으로 보면 개인의 이익을 넘어 타인과 사회를 위한 행위의 동기는 사회로부터 인정받고자 하는 욕구에서 비롯된 것이라고 할 수 있다.

　이렇게 볼 때 자원봉사 활동이라는 행위의 동기는 사회적 인정의 욕구로 설명할 수 있다. 자원봉사는 시간을 비롯한 개인 자원의 기부이며, 사회봉사를 둘러싼 모든 이해 당사자에게 이익을 가져다주는 이타적 행위이다. 이러한 과정에서 생긴 '혜택(benefit)'은 자원봉사자, 수혜자, 단체 및 조직, 지역사회, 그리고 사회 전반에 긍정적인 영향을 미친다. 자원봉사는 이렇게 개인의 자유의지에 의한 선택적 활동이며 금전적 이익이나 봉사에 대한 대가 때문에 동기부여가 이루어지지 않는다.

자원봉사는 개인이 집단 안에서 무엇을 어떻게 행동해야 할지에 대해 사회적 의미를 준다. 개인의 역할은 생애주기에 따라 변하며 이를 통해 지속 가능한 웰에이징 (well-aging)을 추구하며 살아간다. 결국 웰에이징을 추구하는 삶의 변화 과정은 한 개인이 가진 자원 (resource)이 현재 자신이 직면한 도전(challenge) 과제를 만났을 때, 이를 해결하기 위해 균형(balance)을 찾아가는 지속적인 노력이라고 할 수 있다. 생애주기 변화에서 삶의 균형 또는 생활의 접점을 찾기 위한 개인의 웰에이징에는 지역사회에 지속적인 참여를 이어갈 수 있도록 개인의 변화된 역할 인식과 태도가 필요하다. 자신이 속한 지역사회에 공헌하는 사회적 역량을 갖추어 생애주기에 따른 심리적 · 사회적 · 신체적 도전을 충족시키려는 노력은 결과적으로 사회적 인정을 위한 자원봉사 참여의 동기로 작용할 수 있다.

자원봉사는 개인의 안녕감과 단편적 만족감보다는 사회적 기여를 통해 개인적 성취감을 달성하도록 돕는다. 개인은 생애주기에 따라 마주하는 과업의 중요성에 따라 자기 인식이 달라지는데, 자원봉사

활동으로 인한 사회적 유대감의 영성은 자신에 대한 긍정적 인식을 갖게 만든다. 개인의 사회적 역할에 대한 인식에서 비롯된 자원봉사 활동은 생애주기에 따라 다양한 모습으로 이루어질 수 있다.

2

생애주기에 따른
자원봉사 참여

자원봉사 활동은 공동체 의식을 강화하는 중요한 행위이다. 공동체 의식이란 일반적으로 어떤 집단이나 조직, 사회의 성원으로서 개인들이 소속감과 상호의존성, 상호헌신을 인식하는 것으로 정의된다. 따라서 공동체 의식은 공동체를 유지하고 발전시키는 데 자기 역할을 수행하려는 실천 의식이라고 할 수 있다. 이를 실현하기 위해서는 민주적 시민성이 중요한 요소라 할 수 있는데, 건강한 시민성의 구성요소인 공동체 의식은 협력을 통해 상생하는 이상적 사회건설과 사회발달에 기여한다고 볼 수 있다. 개인의 사회적 발달은 생애주기에 따라 차이기 있다. 여기서는 웰에이징을 위한 자원봉사 활동이 생애 주요 단계에서 어떤 영향을 미치는지 탐색해 보려고 한다.

1) 청소년기의 자원봉사 활동

아동기의 자원봉사 활동이 주로 부모에 의한 수동적인 참여로 이루어지는 반면 청소년기에는 학업의 연장선에서 이루어진다. 이 시기에는 비교적 단순한 형태의 봉사활동에 의무적으로 참여하게 되는데, 봉사활동의 공간으로는 학교가 많으며 참여 동기로는 경력관리 차원에서 참여가 주로 이루어지는 경우가 많다. 그럼에도 청소년기의 자원봉사 활동 참여 비중을 높여야 하는 이유는 청소년기의 웰에이징을 위해 시민의식과 사회적 책임성을 기르는 것이 중요하기 때문이다. 자원봉사 활동을 통한 개인적 성장 역시 청소년기 웰에이징의 중요한 과업인데, 자아존중감, 유능감, 도덕성 발달, 새로운 역할과 관심에 대한 탐색, 책임감 등을 키워주기 때문이다. 지적 성장의 면에서도 봉사활동은 학업성취, 성취동기, 학업동기 등을 향상시킨다.

청소년기의 자아존중감은 심리적 자원을 높여주는데, 비교적 단순한 인력보조 및 환경시설 보전활동보다는 지역사회 문제를 주도적으로 해결하기 위한 프로그램 기획과 실천 같은 활동들이 청소년의 자아존중감을 높이는 데 긍정적인 영향을 준다.

청소년기의 자아효능감은 성인이 된 뒤에 스스로에 대한 긍정적 인식을 형성케 하는 요소로서, 문제해결 능력(competence)과도 관련이 깊다. 결국 자아효능감은 사회적 위기에 대처하도록 돕는 청소년기 웰에이징의 심리사회적 요소로서 그 중요성이 매우 높다. 청소년기 자원봉사 활동을 경험한 집단은 그렇지 않은 집단보다 타인과의 공감, 조력, 협력, 이타성이 높고, 자원봉사 활동 경험이 있는 청소년은 대인 및 사회적 책임성에서도 뛰어나다.

결과적으로 자원봉사 활동으로 얻는 심리사회적 역량인 자아존중감, 이타성, 사회성, 진로선택 유능감은 청소년들의 삶의 질을 향상시키거나 삶에 대한 행복도를 높일 수 있다. 따라서 청소년들이 자원봉사 활동에 참여하여 삶에 대한 행복감을 갖도록 참여의 기회를 주는 사회적 제도로의 정착이 매우 중요하다. 자원봉사의 핵심적인 가치는 비강제성을 기반으로 한 사회적 역할의 자각이기에 외부적 강요 없이 개인을 가치 있게 만들기 위해서라도 주도적으로 참여할 수 있는 자원봉사 활동의 확대가 필요하다.

청소년들이 봉사활동에 대한 만족도가 높을수록 행복감도 높다는 연구결과가 있다. 이를 볼 때 청소년들이 학업을 위하여 반강제적으로 봉사활동에 참여하기보다는 자발적으로 참여하는 기회가 늘어나도록 해야 하며, 이를 위해 자원봉사 활동의 의미와 참여 방법에 대한 사회 전체의 진지한 고민이 필요하다.

2) 웰에이징을 위한 청소년 자원봉사의 기능과 역할

청소년의 자원봉사 활동 참여에는 청소년기의 발달특성과 욕구가 반영되어야 한다. 이를 위해서는 자기주도형 봉사활동이 요구되는데, 청소년이 지역사회에 관심을 갖고 자신의 재능을 활용하여 문제 해결 및 개선을 위해 스스로 활동의 목표와 방법을 설정하고 실행하도록 하는 것이 실천 방법이다. 자기주도형 봉사활동에 가장 필요한 요소는 남이 시켜서가 아니라 스스로 하고 싶어서 하는 자발성이다. 즉 청소년이 스스로 소속 지역사회에 대한 관심과 문제의식을 가지고 참여해야 한다는 것이다.

한 예로 2020년 청소년 봉사활동 우수활동 사례로 인천 검단지역 청소년들이 지역 외국인 노동자의 빈번한 산업 재해(손가락 절단사고 등) 문제를 해결하기 위해 자기주도적으로 봉사활동을 실천한 일을 들 수 있다. 청소년들은 3D모델링 기법으로 보조기구(의수)를 제작하고 영문 가이드북 번역 활동을 벌이며 지역 외국인 노동자들의 복지와 장애인의 생활편의 개선이 이루어지도록 했다. 이러한 자기주도적 청소년 자원봉사 활동은 사회적 역할에 대한 인식을 통한 동기부여가 주 요인으로 작용하였으며 활동의 결과 지역사회에 기여하는 선순환 구조로 이어져 웰에이징을 위한 청소년 자원봉사 활동의 지속가능성을 높여주었다.

3) 노년기 자원봉사 활동의 특성

중장년 및 노년에 참여하는 자원봉사의 득징은 생애수기의 전환을 계기로 활동이 이루어진다는 점이다. 즉 노화로 인한 생활의 변화가 개인에게 사회인식과 태도의 전환을 자연스럽게 만들어준다는 것이다. 노년기에 이르면 누구나 성공적인 노화를 소망하는데, 여기서 '성공'의 의미는 개인마다 차이는 있지만, 신체적 건강과 더불어 사회적 기여로 인한 정신적 건강으로 확장된다.

노인 자원봉사 활동의 의미는 개인적 차원과 사회적 차원으로 나누어 볼 수 있다. 개인적 의미는 노인의 경험과 지식을 사회에 환원하는 것이며 이를 통해 개인적 삶의 만족을 유지하고 생산적이고 성공적인 노후생활을 영위하는 것이다. 사회적 의미는 노인을 봉사의 수혜자가 아닌, 사회적 자원이자 기여자로서 인식하고 활용하는 것이다. 이런 면에서 노인들은 사회적으로뿐만 아니라 개인적으로도 사회봉사 활동을 위한 가장 이상적인 집단이라고 할 수 있다. 노인의 자원봉사 활동은 이렇게 개인의 생활만족도를 높이고 사회적 자원으로 활용할 수 있다는 점에서 중요성이 뚜렷하다.

노인 자원봉사 활동은 노인들이 여생을 가치 있게 살 수 있게 해주고, 그들의 사회적 위상을 높여줌으로써 후손들에게서 존경받을 수 있는 계기를 만들어 준다. 또 한평생 축적된 경험과 지혜를 활용하여 젊은 세대를 지도하고 공익사업에 유휴인력을 제공하여 사회

발전에 기여할 수 있게 해 준다. 여기에 덧붙여 노인 자원봉사는 수혜대상자였던 노인들을 복지의 제공자로 전환할 수 있게 해 준다.

결국 노인의 자원봉사 참여는 노년기의 심리적, 사회적 욕구를 반영하여 삶의 질을 높이는 데에 유용하게 작용한다. 개인은 중년기든 노년기든 연령대와 상관없이 동등한 수준의 사회활동을 유지하기 원하기 때문에 노년기에는 직업 활동을 대체할 수 있는 다양한 여가, 봉사활동의 기회가 필요하다. 이를 통해 노인이 사회에 참여하는 계기가 마련되고 새로운 네트워크를 형성하면서 사회적 자본이 축적될 수 있다. 중년기 이후의 활동 수준을 계속 유지함으로써 노년기 삶의 만족감을 높일 수 있기에 봉사활동을 통한 노인의 웰에이징은 사회적으로 축소되었던 역할을 대체할 수 있다는 점에서 의미가 크다.

4) 웰에이징을 위한 노년기 자원봉사의 기능과 역할

노년기의 축소된 역할을 자원봉사 활동으로 극복한 지역사회 봉사활동 사례들이 주목받고 있다. 전라남도 지역에서는 2009년부터 은퇴로 인한 제2의 인생기를 자원봉사를 통한 사회참여의 기회로 삼고자 은퇴한 교수, 교사, 공직자, 전문 분야 종사자 등의 퇴직자들에게 자원봉사에 참여할 기회를 제공하고 있다. 은퇴한 전문인력들로 구성된 자원봉사조직인 '남도친구들'은 전남자원봉사센터에 소속된 전문자원봉사단 남도사랑봉사단과 노블레스오블리주를 운영하고 있으며 자원봉사자 대축제나 여수에서 거행되는 국제 행사에 대비한 자원봉사 활동 등을 주요사업으로 진행하고 있다.

노인들이 자원봉사 활동에 참여하도록 동기를 부여하고 활동을 조직화하는 것은 당장 실천할 수 있는 노년기 웰에이징의 핵심 활동이다. 일생을 통해 연마해온 지식과 기술을 활용하여 자원봉사를 할 수 있는 기회와 여건을 제공함으로써 활동적 노화(active aging)를 추구하고 웰에이징을 도모하는 일은 노인의 삶에 의미와 보람을 줄 수 있는 가장 좋은 모델로 꼽을 수 있다.

3부

웰에이징, 가족의 회복과
아름다운 마무리

1장

부모와 자식이
서로를 위하는 시간

한국 사회에서 효 정신과 효행은 예로부터 중요한 우리 민족의 기본 정신이었으며, 인생을 살아가는 가장 중요한 덕목이었지만 오늘날에는 시대에 뒤떨어진 이념 가치로 치부되는 경향이 있다. 하지만 이는 효를 일방적인 상하의 명령-복종의 불평등 관계로 보아서 민주화와 배치된다는 오해에서 기인한다. 효행은 외적인 강제에 의해 억지로 규범을 행하는 것이 아니라, 자발적인 감정과 주체적 정서에서 행하는 것이다. 부모와 자식의 인격은 동등하며, 주체적 인격으로 서로를 대할 때 건강한 효가 된다.

1

효의식과 효행의
현재와 미래

1) 전통사회의 효의식과 효행

한국 사회에서 효 정신과 효행은 예로부터 중요한 우리 민족의 기본 정신이었으며, 인생을 살아가는 가장 중요한 덕목이었다. 효에 관한 주요 내용을 몇 가지로 요약하여 살펴보고, 오늘날 효의식을 이어가면서, 시행할 수 있는 방안을 생각해보자.

첫째, 효는 인간존중 정신을 바탕으로 한다. 우리 민족은 효란 하늘을 섬기는 마음을 부모에게 연장하는 것이라고 생각해 왔다. 그래서 부모에 대한 정성스러운 마음은 인간의 가장 큰 덕목이라고 생각하면서, 이 마음을 확장하여 모든 인간을 아끼고 사랑하는 인본주의의 바탕으로 삼았다. 이것이 바로 경천애인(敬天愛人) 사상이다. 경천애인이란 하늘을 공경하는 경건한 마음이며 이러한 마음으로 사람을 사랑하라는 뜻이다. 우리나라는 예로부터 경천애인 사상을 훌륭한 인격과 품성의 바탕으로 삼아 왔고, 다른 사람의 생명을 아끼고 사랑하는 마음을 중요하게 생각하였다. 이러한 인간존중 정신은 우리 한국문화에 깊숙이 박혀있는 문화적 전통이다.

우리나라는 오래전부터 하늘을 존중하는 정신을 가지고 있었고, 인간은 하늘의 뜻에 따라야 한다고 생각하였다. 하늘은 모든 만물을 낳고 기르는 힘의 근원이며, 이러한 하늘을 따르는 것을 덕으로 여겨왔다. 인간은 이러한 하늘을 거스르면 안되고, 깨끗하고 선한 마음으로 살아야 한다고 여겼다. 그러므로 사람과 사람끼리 서로 사랑하고 양보하며 다툼 없이 살아야 한다는 것이 경천애인의 실천 이념이었다. 이에 따라 부자자효(父慈子孝)하는 마음은 높은 차원으로 승화되어 널리 남들에게 베푸는 마음을 높이 평가하는 이타주의의 기반이 되었다. 이처럼 경천애인 정신은 우리 전통 윤리로써 인간의 존엄성과 인간성이 상실되는 현대사회에 더욱 요청되는 정신이기도 하다.

둘째, 효는 인격의 기반이라고 생각했다. 인격이란 남을 나와 같이 존중하며, 나의 감정과 욕구를 억눌러 남에게 양보하는 마음이다. 현대사회에는 감정이나 욕망을 이기지 못하고 남에게 못되게 굴거나 부모님에게 행패를 부리는 일이 자주 일어난다. 이에 반해 효는 분노와 욕망을 극복하는 인내의 힘을 길러 준다. 부모를 섬기고 받드는 과정은 자신의 감정을 자제하는 과정이기에, 효를 행하는 과정은 인내심을 기르고 부모를 사랑하는 마음을 확장하는 정신적 공부이기도 하다.

셋째, 효는 삶의 지혜를 가르쳐준다. 부모를 모시는 자식은 자기 입장만 고집할 수 없다. 부모와 자식 간에 원만하고 행복한 관계를 이루려면 부모와 자식이 서로 이해하고 입장을 절충하는 지혜를 발휘해야 한다. 부모와 자식 간의 의견차이에는 서로 상의하고 합의하는 태도가 필요하다. 오늘날 모든 인간관계에서 상하관계는 수평관계로 빠르게 변해 가고 있다. 부모자식 관계에서도 이러한 경향이 나타난다. 흔히 효를 자식이 부모에게 순종하고 섬겨야 한다는 의미로 오해하지만 사실 부모가 정성과 자애로움으로 자식을 키우고 자식이 그 마음을 본받아 부모에게 되돌리는 것이 효의 바탕이다. 또한 부모에게 효를 행하면 자식들이 이를 배워서 효를 잘 실천함으로써 화목하고 살기 좋은 가정이 된다는 의미도 포함되어 있다.

이러한 점에서 효는 부모와자식 간의 친밀한 감정을 중요시한다. 비단 부모자식 간의 친밀한 감정에서 그치는 것이 아니라 인간의 도리로 승화되어야 하는 것이 효의 의미다.

『효경』에는 효에 시작과 완성의 단계가 있다고 했다. 이를 통하여 효의 의미를 되새겨 보자.

첫째, 효의 시작은 자신을 잘 관리하는 일이다. 효의 시작은 부모에게서 받은 신체(身體)를 훼손하지 않는 것이라고 했다.[1] 자기가 온

---

1   『孝經』開宗明義章, "身體髮膚, 受之父母, 不敢毁傷, 孝之始也."

전하게 받은 것을 온전하게 보존해야 함을 의미한다. 자기의 생명을 아끼고 보존해야 하는 이유는 그것이 다른 이의 생명과 삶을 아끼고 사랑하는 마음으로 확장하는 근기이기 때문이다. 효가 추구하는 생명의 존엄성과 평화에의 의지는 여기에서 시작된다.

둘째, 효의 완성은 자신의 사회적 역할을 다하는 것이다. 효의 완성은 입신(立身) 행도(行道)하여 후세에 이름을 남겨 부모를 드러나게 하는 것이라고 했다.[2] 부모를 드러나게 한다는 것은 세속적인 부귀영화를 누린다는 것이 아니라, 자제(子弟)된 자가 사회적으로 낙오하지 않고 자기의 사명과 역할을 다하여 도를 행함으로써 부모에게 영광을 돌린다는 뜻이다. 자신과 가정, 국가의 발전과 평안을 위해 성실히 노력한 결과는 자신만이 아니라 부모의 몫이다. 부모의 바람과 가르침이 자기를 통하여 실현되기 때문이다.

이처럼 효는 부모에 대한 공손이나 봉양에 그치지 않고, 인간으로서의 자기를 성장시키고 자기 세계를 개척하며, 사회적 존재로서 사명을 다한다는 뜻을 지닌다. 이러한 효의 시작과 완성이라는 일련의 과정은 보편적인 인류애로 확장할 수 있는 기반이 된다. 효 정신의 가장 중요한 사상적 기반인 유교의 인(仁)사상은 전 인류에 대한 사랑을 포괄한다. 유학에서 인류애와 인간존중의 사상은 가정에서 부모에 대한 효와 형제간의 우애에서 발단하는 것이라고 보았으며,

---

2   위와 같은 곳, "立身行道, 揚名於後世, 以顯父母, 孝之終也."

따라서 효를 모든 인간 행위의 기본으로 이해했다. 인(仁)을 인간의 진정한 주체성이자 사회의 원리로 제시한 공자는 "효와 제(悌)는 인(仁)을 행함에 있어서 근본이 되는 것"[3]이라 했는데, 이는 가족관계가 '부자자효'(父慈子孝)와 '형우제공'(兄友弟恭)을 전제로 한다는 뜻이다. 가장 가까운 혈연에 대한 사랑을 내면의 가장 자연스럽고 직접적인 발현이라고 보기에 가까운 혈연을 사랑할 수 없다면 보편적인 겸애(兼愛)의 사랑은 실질이 결여된 허구라는 것이다.

효는 일방적인 절대복종이나 성대한 물질 봉양에 그치는 것이 아니라 인간의 자연스러운 정서에서 우러나오는 충심과 성심으로 부모를 대하는 것이며, 순수한 감정과 정서에 근본을 두되 생명을 사랑하고 인류애로 나아가는 진리(道理)에 근거해야만 한다는 것이라고 요약할 수 있다.

효는 효를 '왜' 해야 하며 그 근본 원리는 무엇인가라는 문제보다, '어떻게' 효를 해야 하며, 사람들로 하여금 '어떻게' 효를 행할 수 있게 해야 하는가라는 실천적 적용에 의미를 둔다. 효가 한국 전통문화의 유산이거나 과거에 소중하게 여긴 유학의 핵심개념이기 때문에 강조하는 것이 아니라, 한국 사회의 바람직한 발전 방향과 인류의 보편적 문화유산이기에 효를 행하는 이유와 방법을 구체적으로 알고 행하려는 과정이 중요하다고 생각된다.

---

3 『論語』學而, "孝弟也者, 其爲仁之本與."

현대에 있어 효의 의의로서는 상호적 인간관계의 시작이라는 의미를 생각해 보아야 하고, 효 실천을 위한 사회적 공감대 및 효행의 체계적인 실천방안을 적극 협의해 나가야 하며, 저마다 효를 실천하는 기본자세를 정리해 보아야 한다.

2) 현대사회의 효의식과 효행의 변화

효 사상은 과거 전통 농업사회의 덕목이지만, 현재와 미래의 발전에 더욱 절실하고 큰 의미를 지닌다. 사회 발전의 의미는 당연히 건전한 민주화와 고도의 산업화를 달성하는 것이다. 이런 의미에서 산업화와 민주화가 진행되고 있는 현대사회에서 우리가 효를 어떻게 수용하고 시행해야 하는가를 생각해 보아야 한다.

첫째, 산업화와 효와의 관계이다. 산업을 발전시켜 부를 확대하는 일은 현대인의 중요한 관심사이다. 부모와 자식을 봉양하고 양육하는 문제는 물질의 풍요만으로 달성되는 것은 아니지만, 그렇다고 빈곤 속에서 이루어질 수는 없다. 건전한 생리적 욕구를 넘어선 개인의 육체적 쾌락을 만족시키기 위한 풍요에 매몰되는 삶이 아니라, 부모와 자식을 봉양하고 양육하여 화목한 가정을 이루는 풍요로 만들어 가야 한다.

효 사상은 현실도피와 나태와 무능을 질타하고 가정에 대한 책임을 위해 자기의 사회적 경제적 성취를 촉구한다. 경제를 발전시켜 부를 확대하는 데에서 효 정신은 다른 어떠한 도덕개념보다 실질적인 동기를 제공한다. 더욱이 비도덕적인 경제활동을 거부하고 성실과 노력으로 성취하기를 도모하도록 유도한다. 타인을 고려하지 않는 무리한 경제활동과 부조리는 부모를 욕되게 하는 것이며, 자기와 가정을 파멸로 이끌 수 있기 때문이다. 부모를 사랑하는 사람은 가정을 화목하게 하기 위해 어떠한 난관도 극복하고자 노력할 것이며, 이러한 저력이 한국 경제를 발전시킨 원동력이라고 해도 지나치지 않을 것이다.

둘째, 민주화와 효와의 관계이다. 자유와 평등을 추구하는 민주화는 근대화의 기반이다. 민주화의 과제와 효 사상은 배치되지 않는다. 자기 절제와 타인에 대한 사랑은 시대를 초월한 고귀한 정신이다. 참다운 자유는 자기 절제를 통한 진실한 자아에서 나오는 것이며, 참다운 평등은 타인의 고통을 외면하지 않는 인격에 바탕을 둔다. 바람직한 사회는 참다운 자유와 평등에 입각한 의사소통에서 출발하며, 건전한 의사소통은 타인의 불이익을 방관하는 이기심(利己心)과 기만(欺瞞)이 아니라 진실한 자아(自我)로부터 시작하는 것이다. 진실한 자아에 도달하려는 성실함과 그것에서 발로한 순수한 정서와 인간애는 충(忠)과 효(孝)에 내재한 근본 뜻이며, 따라서 근대화의 자유를 보다 성숙하게 만들 수 있을 것이다.

효를 일방적인 상하의 명령-복종의 불평등 관계로 보아서 민주화와 배치된다는 견해는 효의 근본취지를 오인하는 데에서 기인한다. 부모자식의 관계는 상하주종의 관계가 아니다. 부모의 명령이라고 해서 인간의 도리와 의리에 어긋나면서까지 무릅쓰는 행위는 효행이 아니다. 진정한 효는 민주적 원리를 위배하지 않으며, 일체의 구속으로부터의 자유와 인격의 평등을 전제한다. 효행은 외적인 강제에 의해 규범을 억지로 행하는 것이 아니라, 자발적인 감정과 주체적 정서에서 행하는 것이다. 부모와 자식의 인격은 동등하며, 주체적 인격으로 서로를 대할 때 건강한 효가 된다.

효의 현대적 의의는 상호적 인간관계에 있다. 모든 인간관계도 그렇듯이, 부모와 자식 간에도 결코 어느 한쪽이 주가 될 수 없다. 물론 오늘날의 가정생활이 아이가 위주로 되는 것이 문제이듯이, 과거에는 부모 위주의 도덕관을 강조했던 것도 사실이다. 자식 위주로 운영되는 가정이나 부모 위주로 운영되는 가정 어느 쪽도 바람직한 가정이라고 할 수 없다. 진정한 부모자식 간의 관계는 부모가 자식을 대할 때 자식을 위주로 하고, 자식이 부모를 대함에 부모를 위주로 하는 것이다. 부모가 자식을 대함에 자식을 주로 삼는 것이 자애(慈愛)이며, 자식이 부모를 대함에 부모를 주로 삼는 것이 효(孝)이다. 인간관계에 있어서 일방적인 한쪽을 위주로 하는 관계는 잘못된 윤리일 가능성이 크다.

주종(主從)과 구속(拘束)의 상호관계가 아니라, 상대방의 건강과 평안함을 걱정하는 관심과 애정의 진실한 상호관계가 되어야 한다. 이

것이 진정한 '부자자효'(父慈子孝)의 관계이며, 양쪽 모두에게 의무와
권리가 부여되는 성숙한 관계이다.

3) 한국의 미래사회와 효 정신의 계승 방안

미래사회에서 우리가 효 정신을 계승하고 효를 실천하기 위해서
는 두 가지 문제를 유념하여 준비해야 지속성을 가질 수 있다. 첫째,
개인의 효행을 실천하기 쉽도록 재정리해야 한다. 둘째, 초고령화로
인한 노년기의 급격한 증가와 가족의 해체가 진행되고 있는 오늘날
에는 효행을 개인이나 가정에 맡길 것이 아니라 사회적 효 실천을
위한 공감대를 강화해야 한다.

효 실천은 일상적인 것이 되어야 하며, 일상적으로 실천될 수 있
는 내용이어야 한다. 전통사회의 효 교육은 내용상 문제점이 많았
다. 효행 설화 속의 효행자들은 대부분 가난하고 불우한 가정환경에
처하여, 극단적인 상황 속에서 비범한 행동으로 효를 결행하고 있
다. 효행 설화의 내용은 일반인의 일상적 효행으로 부적절하다. 『삼
강행실도』를 비롯한 전통 효행 교재에는 부모님의 병 구환을 위해
자기 손가락이나 살을 베어 부모를 봉양하는 등 신체를 훼상하는 행
위를 지극한 효행으로 묘사하고 있다. 그러나 이러한 행위는 효를
해치는 행위이다. 극단적인 상황에서 비장한 각오로 결행했던 행위

들은 진정한 의미에서 효라 말할 수 없는 것들이 많았다. 효의 목적이 부모님을 편하고 기쁘게 해 드리는 것이라고 할 때, 그러한 행위 앞에 마음 편해하고 기뻐하는 부모는 없을 것이다.

효는 일상생활 속에서 물 흐르듯이 실행해야 한다. 따라서 일반 사람들이 실천 가능한 개념과 행동방법이 제시되어야 한다. 일상생활과 분리된 효행은 자연스러운 효행을 인위적인 효행으로 변질시키는 우를 범하게 된다. 효는 애(愛), 경(敬), 성(誠)의 정신을 평범한 일상에서 합리적으로 이해하고 실천하는 것이며, 이에 대한 합리적인 이해와 공감이 필요하다.

또한 효의식은 부모자식 쌍방의 관계에서 행하여진다는 것을 명심해야 한다. 효는 전통 핵심 윤리인 삼강(三綱)의 하나다. 그러나 유교의 삼강 사상은 상하관계의 윤리체계로 왜곡될 가능성이 크며, 실제로 이것이 효 개념에 많은 영향을 끼쳤다. 삼강사상에 내재한 종적 인간관계는 부모-자식이 사랑을 주고받는 호혜적 관계로 이해하기보다는 자식의 부모에 대한 무조건적인 복종이나 희생으로 이해되기 쉽다. 바른 효행은 가정의 소중함과 인간존중의 태도를 익히고 자신의 사회적 역할을 수행할 수 있게 해야 한다. 가정에서 서로의 인격을 존중하고 역할을 인정하는 인간관계를 형성해야 한다. 따라서 우리는 다음과 같이 건전한 효행을 위한 가정 분위기를 만들고 이에 걸맞는 효행을 일상적으로 실행해야 한다.

첫째, 가정생활의 변화에 따라 달라진 가족관계와 부모의 역할을 이해해야 한다. 오늘날 부모와 자식의 관계는 많이 달라졌다. 최근 사회생활 여건의 변화로 가정생활의 양상은 변화하고 있다. 부자(父慈)와 자효(子孝)가 상응할 수 있도록 새로운 형태의 노력이 요구된다. 효는 일방적인 관계가 아니라 부모와 자식 간의 상호의존 관계이며, 여기에는 부모다움이 우선되어야 한다. 양육과 교육이라는 부모의 역할에서 자녀가 원만한 인격을 갖춘 인간으로 성장할 수 있도록 스스로 모범이 되고 인격과 사랑을 바탕으로 한 민주적인 방식으로 자녀를 대해야 한다. 현대적 효는 가정을 시작으로 자연스럽게 정립되어야 한다. 부부 중심으로 이루어진 핵가족제도에서 애정으로 결합된 부부는 서로의 인격을 존중하며 평등한 관계에서 가사를 의논하고 일을 분담하여 서로를 도와주려고 한다. 또한 자녀의 교육에서도 인격을 존중하면서 스스로 역할을 행할 수 있도록 도와주려고 노력한다. 사이가 좋지 않은 부부, 식사 중 무성의하게 대화하면서 텔레비전을 시청하는 부모는 10년 뒤 자녀들의 무관심을 감내해야 할지도 모른다.

둘째, 효의식을 통해 자신의 사회적 역할을 다하고 책임지는 태도이다. 전통적으로 부모와 가문을 빛내려는 마음이 사회적 입신을 위해 노력하게 했고, 때로는 고고한 절개와 강한 지조, 불의에 대한 저항과 사욕(私欲)에 대한 경계의 힘을 북돋아 주는 바탕이 되기도 했다. 자녀들은 이런 효 정신을 바탕으로 사회적 책임과 의무를 저버리지 않도록 해야 한다.

효 실천을 위한 구체적인 사회적 공감대 또한 필요하다. 효는 인간의 본질적인 정서에 근본을 둔 것으로, 부모와 자식의 관계에만 적용되는 도덕 규범이라기보다 인간의 정서와 감성을 풍부하게 하는 인류 문화적 힘이다. 우리는 이러한 힘을 사회적으로 확장하는 방안을 모색해야 한다. 효를 중세사회의 규범이라고 비판하는 대신 잘못된 효행을 개선하면서 이를 개인의 도덕성과 사회와 가정 그리고 국가의 운영원리로 반영하여 효를 사회화하고 실용화할 수 있는 방안을 모색해야 한다. 이에 따라 다음과 같이 국가와 사회의 운영 방안으로서의 효행을 살펴볼 수 있다.

첫째, 국가와 지역사회에서 복지를 강화하는 방안으로서의 효행이다. 오늘날 사회의 구조상, 효 사상을 경제원리나 정치원리로 보편화하기는 어렵지만, 부모를 실질적으로 모시고 사는 사람들에게 세제나 주택거주의 혜택을 주면서 효를 진작시킬 수 있는 정책이 이미 시행되고 있다. 아직은 시작 단계에 불과하지만 앞으로는 효를 실행하는 사람에게 보다 실질적이고 구체적인 혜택을 국가가 지원하도록 해야 할 것이다. 이제 개인에게 부모 봉양을 전적으로 책임지게 할 것이 아니라, 국가 차원의 노인복지(老人福祉) 정책을 마련하여 온 국민이 노인의 생활과 건강, 여가활동을 공동 책임지는 현실 정책이 꼭 필요하다.

과거에는 물론이며 오늘날까지도 효행 표창을 받은 사람들을 보면 중풍, 치매, 장애인 등 시부모의 병수발을 10여 년 동안 희생적으로 수행한 이들이 대상으로 선정되곤 한다. 그러나 이제는 독거노인이나 장애인 등에 대한 자원봉사자, 호스피스 활성화 등 개인 중심의 희생이 아닌 국가와 사회가 책임을 담당하는 사회적 봉사체계와 복지체계를 갖추어 나가야 한다. 효가 더 이상 개인이나 가정의 문제로 남아서는 안 된다. 사회나 국가 차원에서 복지체계를 강화하여 모든 국민이 서로 효행을 장려하고 도움을 주어야 할 때이다.

둘째, 교육에서의 효행에 관한 문제이다. 효행 교육은 학교교육과 가정교육이 상호 보완하는 체제로 시행해야 한다. 지금도 여전히 교육에서 효 실천을 통한 인격과 도덕성 함양이 요구되고 있으나, 효 의식이 현실화하지는 못하고 있다. 효는 지식이 아닌 체험으로서 가르치는 실천교육이어야 하며, 가정교육과 부모의 역할이 더욱 요청되는 까닭도 여기에 있다. 학교에서 가르치는 효 교육을 청소년이 가정에서 그날그날 실천할 수 있도록 교사와 부모의 정기적인 상호 연계가 필요하다. 효를 몸으로 체험하는 가운데 현대사회에 필요한 다른 도덕성도 함양될 수 있다는 교육 현장의 보고가 요즈음 대단히 많이 나오고 있다. 『소학』에 이른 대로 자기 주변을 청결히 하는 일과 다른 사람을 대하는 법(灑掃應待)을 아는 것이 진리(사물의 이치)를 아는 출발점이라고 여긴 과거의 선비들은 효를 관념이나 이념이 아니라 일상생활에서의 체험을 통해 얻어지는 것이라고 생각했다.[4] 이

4　『小學』明論篇, 明父子之親 참조.

론이나 관념 이전에 실천을 중시하는 교육관은 국가 차원의 정규교육만으로는 달성될 수 없다. 따라서 교사-학생-부모의 정기적인 상담을 통하여 효의 교육과정과 교육평가에 대한 학교-가정의 협조 체계를 구성하여야 한다.

4) 현대 가정생활의 효행 방안

효행은 부모에 대한 공손과 봉양에서 시작한다. 이에 그치지 않고 인간으로서의 자기관리를 통해 자기 세계를 발전시키고, 사회적 존재로서의 사명을 다하게 만드는 인격의 자양분이다. 이런 점에서 일상에서 효행을 실행하기 위한 구체적인 방법을 공유하고 실행하도록 돕는 일은 중요하다. 이에 다음과 같이 일상생활에서 실행할 수 있는 효행의 기본자세와 실천 방안을 제시해 본다.

효 정신을 실천하는 기본 자세

1	자기 몸을 소중히 간수하고 있는가?
2	자기의 마음과 행동을 바르게 하고 있는가?
3	자기의 맡은 학업이나 일에 최선을 다하여 노력하고 있는가?

위와 같은 효행의 기본 자세에 의거하여 효도를 실천하기 위한 세부항목을 다음과 같이 도출하고, 그 구체적인 내용을 표로 정리하여

보았다.

첫째, 부모에 대한 관심 : 부모의 삶에 대한 최소한의 관심과 이해는 효의 출발이다.

둘째, 성실한 자기관리 : 부모의 은혜에 보답하는 마음으로 부모를 위하여 자신의 직분에 충실하게 노력하는 일이야말로 좋은 효도이다.

셋째, 형제간의 우애와 가족간의 화목 : 형제간에 우애하여 화목하고 협조하면, 그것이 바로 부모의 마음을 편안하게 해 드리는 효도이다.

넷째, 부모의 소박한 기대에 부응하기 : 오늘날 대부분의 부모는 과거와 같은 지효(至孝)를 바라지 않는다. 부모의 자식에 대한 바람은 한결같이 소박하다. 모든 부모는 자식이 잘되기를 바라지만, 부모의 기대는 의외로 가까운 데 있다는 것을 이해한다.

다섯째, 따뜻한 대화와 상호이해 : 부모자식 간의 세대차에서 오는 거리감이나 이견은 의당 있는 일이므로 대화를 통해 역지사지(易地思之)하는 입장에서 서로를 이해하는 것이 필요하다.

여섯째, 부모에 대한 인사의 생활화 : 부모의 사랑은 이유나 목적이 있어서 하는 것이 아니다. 따라서 부모님에 대한 인사의 생활화는 부모님의 마음을 읽고, 걱정과 근심이 되는 일을 하지 않는 계기가 되어 효도의 기본이 될 것이다.

일곱째, 집안일에 적극 참여 : 상제례는 자식된 자로서 가장 정성을 다해야 하는 일이다. 상중에 그 슬픔을 다하고 제사 때 그 정성을 다하는 전통을 이어가야 한다. 상례를 치르는 기간 동안 모든 가족 구성원이 자기 역할을 가지도록 적절하게 안배해야 하며, 제례에도 축문을 해마다 돌려가며 국문으로 작성하고 읽게 하여 적극적인 이해와 참여로 조상의 음덕을 기리도록 한다. 기독교나 천주교 신자는 제사를 지내지 않는다고 해도, 기일(忌日)을 기억하고 추모식을 거행하며, 자손들이 돌아가며 기도드리도록 해야 한다.

효를 실천하는 세부항목

1. 부모에 대한 관심	1	오늘 부모의 감정 상태는 어떠한가?
	2	부모의 거처가 편안한가?
	3	부모의 연세, 고향, 일가친척 등은 어떠한가?
	4	부모의 건강상태, 좋아하는 것 등을 자세히 안다.
2. 성실한 자기 관리	1	자기 건강관리를 잘 한다.
	2	기본생활습관을 성실하게 실천한다.
	3	자기의 맡은 일에 최선을 다하여 사회의 역할을 다하도록 노력한다.
	4	자신의 타고난 능력과 소질을 개발하는 데 노력한다.
3. 형제 및 가족 간에 지켜야할 도리	1	형제간에 일상생활의 바른 예절을 지킨다.
	2	부부간에 화목하고, 형제와 자매가 화목하게 지낸다.
	3	형제간에 각자 맡은 일에 책임감을 갖고 처리한다.
	4	형제간에 용기를 북돋으며 우애를 돈독히 한다.
	5	가족회의를 자주 하여 솔직한 의견을 교환하며 종종 오락회도 갖는다.
	6	형제간에 물질적으로 돕되, 의지하려는 생각은 버린다.

4. 부모의 소박한 기대에 부응하기	1	어버이날이나 생신을 기억하고 작은 선물을 준비한다.
	2	시간이 허락하는 대로 부모와 같이 시간을 보낸다.
	3	부모님이 병환이 났을 때 최선을 다해 보살핀다.
	4	가능한 모든 일을 부모님과 상의하여 처리한다.
	5	부모가 원하는 일은 최선을 다해 도와드린다
5. 부모와의 대화	1	중요한 일은 부모님과 의논하여 결정하도록 하며, 늘 대화하도록 한다.
	2	부모님의 의견을 존중하되, 의견이 다를 때에는 부드럽게 자기 의견을 말씀드린다.
	3	부모님에게 얼굴빛은 온화하게 하며, 형제간에 다투는 일이 없도록 한다.
	4	부모님께서 아프시면 옆에서 모시고 정성껏 간호한다.
6. 부모에 대한 인사의 생활화	1	매일 '안녕히 주무세요' '밤새 편히 주무셨습니까' 등 인사하도록 한다.
	2	부모가 부르면 즉시 큰 소리로 대답하면서 달려가 뵙도록 한다.
	3	부모가 출입할 때 반드시 일어나서 문밖에 나가 배웅하고 맞이한다.
	4	식사할 때, 부모보다 먼저 먹지 않으며, 부모가 식사를 마칠 때까지 수저를 그릇에 넣은 채 자리를 뜨지 않도록 한다.
	5	외출할 때, 반드시 행선지와 귀가 예정시간을 말씀드리고, 돌아와서는 인사 드린다.
	6	외출시 귀가가 늦어질 경우, 부모에게 연락하고 늦는 이유와 귀가 시간을 알린다.
	7	되도록 부모 곁에서 생활하도록 노력하며, 학업이나 직업 때문에 떠나게 될 경우에도 전화나 편지로 자주 소식을 전하고 찾아뵙는다.
	8	작더라도 부모님께 늘 감사하는 마음을 표시하도록 노력하며, 부모님의 일을 돕는다.
7. 집안일 참여	1	가족 공동의 일이나, 상례(喪禮)·제례(祭禮) 등 집안 일에 적극 참여한다.

위에서 살펴본 바와 같이, 효행은 생활에서 참다운 삶을 느끼고 지향하는 일상적인 실천이 되어야 한다. 바람직한 인생을 삶에 적용하는 데에 있어서 일상생활 속에서 인간의 따뜻한 배려와 관심을 통

하여 인간 정서를 느끼고 나누는 방법이 더욱 중요하며, 이런 마음을 가족뿐만 아니라 지역사회와 인류에게 확장해 나가야 한다.

2장

죽음도
문화가 되는 시대

길어지는 노년을 건강하고 안락하게 보내기 위해서는 정신적, 신체적, 경제적인 안정이 중요하며, 그렇지 않은 경우에는 고독하고 힘든 시간이 될 수 있다. 생애주기의 관점에서 죽음과 장례 혹은 웰다잉을 향한 관심은 더 이상 65세 이상 노년기 사람들에게만 국한되지 않는다. 생애주기를 넘어 삶 전체를 관통하는 웰빙과 웰에이징에 대한 현실적인 문제를 개인적, 사회적, 국가적 차원에서 고민하고 대책을 마련해야 한다. 따라서 우리나라 죽음 문화의 현황과 내용을 살펴보고 죽음의 공포 극복과 남은 이들의 상처치유에 대해서도 살펴볼 필요가 있다.

죽음은 인간이 거치는 마지막 관문이다. 태어남이 시작이라면 죽음은 끝이라고 할 수 있다. 삶 전체를 놓고 본다면 죽음 또한 인간이 경험해야 하는 일반적인 사건이다. 다만 다른 경험과 다르게 죽음의 경험은 공유되지 않기 때문에 공포와 두려움, 기피하고 싶은 사건이다. "개똥밭에 굴러도 이승이 낫다"는 속담은 죽음에 대한 사람들의 태도를 단적으로 보여준다.

대부분의 사람들은 영유아기(0세~5세) → 아동·청소년기(6세~18세) → 청년기(19세~34세) → 중장년기(중년 34세~49세, 장년 50세~64세) → 노년기(64세 이상)를 거친다. 죽음은 생애주기 전 과정에서 발생하지만, 영유아기보다는 노년기에 이를수록 발생률이 높아지는 경향을 보인다. 이러한 이유로 우리는 죽음의 문제에 관심을 기울이지 않는다. 죽음은 현재의 문제가 아니라 먼 미래의 사건으로 인식되기 때문이다. 그리고 죽음이 자신에게 직접 다가오지 않는 한 타인의 문제로 생각하기 때문이다.

2020년 통계청 자료에 의하면 한국인들의 평균수명은 83.5세(여자: 86.5세, 남자: 80.5세)로 조사되어 20년 전보다 약 8년이 늘었다. 조선시대 왕의 평균수명이 46세였다는 점을 감안하면 약 38년이 증가한 셈이다. 한 가지 흥미로운 점은 평균수명이 늘어나면서 역설적으로 죽음에 대한 관심이 높아졌다는 것이다. 2000년대 초반 웰다잉 담론을 시작으로 지난 2020년 4월 7일부터는 존엄한 죽음, 죽음에 대한 자기 결정권을 존중하기 위해 "사전연명의료의향서" 제도를 시행하고 있다. 의료기술의 발전은 한편으로는 평균수명 연장을 가져왔고, 다른 한편으로는 사전연명의료의향서제도 시행의 원인이 되었다.

한편, 인간은 태어나면서 죽음에 이르기까지 다양한 의식을 치르게 된다. 생애 과정에서 출생식 → 성년식 → 결혼식 → 장례식 등의 의식을 치르게 된다. 사회인류학자 반 게넵은 이를 "통과의례"라고 명명하였으며, 특정 국가나 지역의 사회문화를 이해하기 위한 핵심적인 문화체계라고 하였다. 이러한 맥락에서 조선시대의 "주자가례"는 관혼상제를 안내하는 의례로서, 당대의 사회문화를 이해하는 기제장치이다. 사람이 살아가면서 출생과 결혼과 장례만큼 중요한 것이 있을까? 그리고 삶의 마지막인 과정, 종착역인 죽음만큼 실존적 존재로서의 문제의식을 확실하게 갖게 하는 것이 있을까? 이번 장에서는 이러한 물음에 대한 답변을 찾아보고자 한다.

죽음의 공포 극복과
상처 치유

1) 인간과 죽음

인간의 가장 큰 소망 가운데 하나는 불로장생(不老長生)이다. 인간은 역사 이래로 죽음을 극복하기 위해 온갖 노력을 해왔지만, 아직까지 해결하지 못하고 있다. 근대 이후 현대에 이르기까지 과학과 의료기술의 발전으로 평균수명은 연장되고 있지만, 죽음을 극복했다는 사례는 찾아볼 수 없다. 오늘날 과학기술은 화성에 제2의 지구를 건설하기 위한 노력을 할 만큼 발달했고, 의료기술은 인간복제에 대한 의료윤리적인 문제를 고민해야 할 만큼 성장했다. 그럼에도 불구하고 죽음은 아직 해결되지 않은 문제이다.

인간은 왜 죽음을 두려워할까? 죽음의 불가역적 특성 때문이다.

죽음이라는 사건이 발생하면 죽음 이전으로 되돌아갈 수 없다. 그리고 죽음의 불가역적 특성은 '이별'로 연결된다. 이별은 나와 관계를 맺고 있는 모든 것과의 단절을 의미한다. 죽음으로 인한 부모, 자식, 지인, 친척 등과의 이별은 슬픈 일일뿐만 아니라 존재로서의 사라짐을 의미한다. 내가 사라진다는 것은 슬프고, 두렵고, 공포이다. 생물학적인 사라짐뿐만 아니라 자신의 삶의 궤적, 흔적도 사라지기 때문이다. 죽음이 두려운 또 다른 이유는 죽음에 이르기까지 겪어야 할 통증과 고립에 대한 두려움이다. 다른 사람에게 쇠약해지는 자신의 모습을 보여준다는 것, 병원에서 찾아오는 사람 없이 외롭게 질병의 고통 속에서 죽음을 맞이한다는 것은 힘들고 두려운 일이다. 그래서 인간은 한편으로는 육체적인 영원한 삶, 다른 한편으로는 자신의 존재가 사라지지 않고 기억되는 삶을 추구했다. 그 결과 의학이 발전하고, 죽음에 대한 문화를 가지게 되었다. "호랑이는 죽어서 가죽을 남기고 사람은 죽어서 이름을 남긴다"는 속담은 인간이 생물학적인 존재만으로 제한되지 않는 '어떻게 살 것인가'에 대한 삶의 의미를 추구하는 존재라는 점을 보여주고 있다.

2) 죽음, 공포, 그리고 극복

죽음의 공포, 두려움은 어떻게 극복할 수 있을까? 이 물음에 대한 답은 어렵지만, 다음과 같이 질문을 던진다면 한결 쉬운 답변을 찾을 수 있다. "우리는 죽음을 어떻게 대비하고 있는가?" 현대사회에서는 생명보험, 장례를 위한 상조상품 가입, 유언장, 사전연명의료의향서 작성 등의 방식으로 죽음에 대비한다. 전통사회에서는 생전에 관과 수의를 준비하고, 가묘(假墓)를 설치하기도 했다. 그리고 제사를 통해 후손에게 기억되는 장치를 만들어 놓았다.

한편, 죽음을 극복하는 확실한 방법 중의 하나는 종교에 귀의하는 일이다. 죽음 이후 천국, 극락에 가는 것이 확실하다면 죽음은 천국과 극락으로 가기 위한 과정에 불과하다. 이러한 측면에서 종교는 죽음에 대한 공포와 두려움을 감소시키는 기능을 가진다. 만약 이러한 노력에도 불구하고 죽음에 대한 공포가 사라지지 않는다면 그 이유는 무엇일까? 퀴블러로스(Elisabeth Kübler-Ross)는 말기암 환자를 대상으로 한 연구에서 다음과 같이 주장한다. 말기암 판정을 받은 환자들은 부정-분노-협상-우울-수용의 5단계의 심리적 변화 과정을 거친다. 환자들은 말기암 판정 직후 자신이 죽음에 이른다는 사실을 부정하고 분노한다. 그러나 시간이 지나면서 몸의 상태가 점점 악화되면, 신적, 초월적 존재와 협상을 한다. 만약 내가 살수만 있다면 이렇게 살겠노라고… 하지만 몸의 상태가 호전되지 않으면서 우울감에 빠지고 결국 죽음을 수용하게 된다는 것이다.

퀴블러로스의 연구결과는 죽음의 공포와 두려움에 대한 극복방안은 역설적으로 '죽음의 수용'이라는 점을 보여준다. 우리는 역사 이래로 죽지 않은 사람이 없다는 귀납적 사실을 알고 있음에도 불구하고 나 자신의 죽음의 문제는 외면하거나 부정하고 저항한다. 그러나 노화에 의한, 때로는 예상하지 못한 질병에 의한 죽음은 과거에도 있었고, 현재에도 일어나고 있으며, 나에게도 일어날 일이다. 죽음의 공포를 극복하는 일은 죽음을 받아들이는 일이고, 언제 일어날지는 모르지만, 그러나 반드시 부딪히는 죽음의 사건을 염두한 삶의 태도를 가져야 한다. 인간에게 죽음은 특별한 것이 아니라 모든 사람이 거치는 과정이다. 이것을 받아들이는 삶의 태도가 필요하다.

3) 떠나는 자, 남은 자들의 상처 치유

죽음의 사건에는 서로 대비되는 사람들이 있다. 죽음을 맞이하는 자와 그것을 지켜보는 자이다. 즉 떠나가는 자와 떠나보내는 자(남은 자)가 있다. 이러한 구조는 죽음이 한 개인의 문제가 아니라는 점을 분명하게 보여준다. 죽음은 분명 한 개인의 문제이지만, 죽음의 사건은 남아 있는 자와의 관계 속에서 바라보아야 한다. 떠나는 자가 겪고 있는 우울감, 고통, 슬픔, 두려움, 아쉬움은 남은 자에게도 발생할 수 있다. 떠나보내는 자도 정신적, 심리적으로 힘든 과정을 거치게 되는 것이다. 또한 남은 자는 죽음의 사건이 종료된 뒤에도 일상으로 돌아오기까지 상당한 시간을 필요로 한다.

미국 심리학자인 토머스 홈스(Thomas Holmes) 박사와 리처드 라히 (Richard Rahe) 박사의 연구에 따르면 "배우자 사망으로 인한 스트레스는 100점 만점에 100점으로, 이혼(73점), 구속(63점), 해고(47점)보다 높은 것"으로 조사되었다. 또한 영국 버밍엄대 재닛 로드 박사의 연구결과에 따르면 "배우자의 죽음으로 인한 상심은 면역체계를 약화시켰다"고 기술되어 있다.[1] 또한 네덜란드 유트레흐트대 연구팀은 "배우자 등 근친과의 사별이 육체적, 정신적 건강에 미치는 영향을 연구한 10년 간의 논문을 메타분석한 결과, 남편과 사별한 여성의 경우 남편을 잃은 후 사망할 위험이 17%, 아내와 사별한 남성의 경우 아내를 잃은 후 사망할 위험이 21% 높아지는 것"으로 보고하였다.[2]

이러한 연구결과는 죽음의 사건이 남은 자에게 주는 정신적, 심리적인 고통이 어느 정도인지를 보여주고 있다. 특히 배우자의 죽음이 얼마만큼 슬픔과 고통을 주는지를 여실히 보여주고 있다. 안타까운 일이지만, 세월호 참사 이후 살아남은 자들의 자살과 자살 시도, 배우 최진실 씨 자살 이후 이혼한 남편과 남동생의 자살은 죽음이 죽어가는 자의 문제만은 아니라는 점을 보여준다. 남은 자들의 상처는 다양할 수 있지만, 그중에서 죽음으로 인한 죄책감, 미안함, 아쉬움

1 동아일보, 2015.12.28 "노년기 배우자와 사별 스트레스, 이혼-구속-해고보다 훨씬 크다". https://www.donga.com/news/article/all/20151228/75597194/1.
2 SBS, 2007.12.24 [건강] "배우자와 사별하면, 사망 위험 높아진다". https://news.v.daum.net/v/20071224122712286?f=o.

등이 많은 부분을 차지한다. 남은 자들의 상처를 극복하는 방법 또한 다양하지만, 떠나간 자의 죽음의 원인이 "나"라는 죄책감에서 벗어나는 일이 중요하다. 죄책감은 자신을 고립시키고, 은둔하게 만들며 사람들 앞에 나서지 못하게 한다. 대부분의 경우 시간이 지나면서 점점 극복하지만, 그렇지 못한 경우도 일부 있다. 이러한 사람들에게는 정신과, 상담사 등 전문가의 도움이 필요하다.

남은 자들이 상처에서 벗어나는 방법은 죽음을 받아들이는 일이다. 죽음의 부정은 자신을 죽음 이전의 상황에 머물러 있게 한다. 시간이 흐르면 흐를수록 현재의 나와 과거에 머물러 있는 나와의 간극은 벌어지고, 그 차이가 늘어나는 만큼 부조화의 상황이 커지게 된다. 이러한 면에서 죽음을 인정하고 받아들이는 일은 떠나가는 자와 떠나보내는 자 모두에게 슬프고 고통스럽지만 필요한 일이다.

웰다잉 문화사업

1) 100세 시대 웰빙과 웰다잉, 그리고 웰에이징

장수시대, 100세 시대가 도래되면서 60세 이후 노년을 어떻게 보낼 것인가, 인생 2막, 3막에 대한 논의들이 활발하다. 2020년 평균수명이 83.5세인 점을 감안하면 60세 이후 죽음에 이르기까지의 시간은 약 25년 정도이다. 60세 이후 25년이라는 물리적인 시간은 영유아기(0세~5세) → 아동·청소년기(6세~18세) → 청년기(19세~34세)에 해당될 수도 있겠지만, 시간이 지날수록 육체적인 노화가 가속화되어 죽음에 이르는 기간이다. 한국인들에게 노년 기간의 증가는 한편으로는 행복일 수도 있고, 다른 한편으로는 불행일 수도 있다. 노년을 건강하고 안락하게 보내기 위해서는 정신적, 신체적, 경제적인 부분의 안정이 중요하며, 그렇지 않은 경우에는 고독하고 힘든 시간이 될 수 있기 때문이다. 따라서 100세 시대는 생애주기에 따른 웰빙과 웰다잉을 넘어 삶 전체를 관통하는 웰에이징에 대한 현실적인 문제를 개인적, 사회적, 국가적 차원에서 고민하고 대책을 마련해야 한다.

한편 한국인의 평균수명이 늘어난 만큼 건강수명은 그렇지 않은 것으로 조사되었다. 즉 평균수명은 늘어났지만 그만큼 질병을 안고 살아가는 기간이 늘어났고, 특히 만성질환은 질병을 앓고 있는 개인의 문제를 넘어 가족의 경제적, 삶의 질 문제로까지 확대되고 있다. 조선일보의 2013년 "한국인의 마지막 10년" 기획 기사에 의하면 "사망 직전의 치료 비용이 평생 의료비의 20~30%"를 차지하고, "지난 10년 새 수명(壽命)이 3년 더 늘었지만, 그중에 2년은 질병을 안고 사는 기간"으로 조사되었다.[3]

이러한 상황을 고려한다면, 100세 시대의 도래는 우리에게 축복인가? 그렇지 않으면 재앙인가? 우리는 삶의 길이를 원하는가, 아니면 삶의 질을 원하는가? 100세 시대를 살아가기 위해서는 건강과 돈, 인간관계, 적당한 소일거리 등 많은 조건들이 충족되어야 한다. 그렇지 않을 경우, 살아가면서 빈곤과 고독, 질병으로 인해 오히려 고통의 연속일 수 있다. 이렇듯 100세 시대는 행복한 노년을 보내기 위해 생애주기에 맞는 사회적, 경제적, 정신적, 육체적 건강 유지를

---

3   고려대 박유성 · 김기환 교수팀의 2002~2010년 건강보험 전 국민 진료 기록을 분석한 조사 결과에 의한 기획기사임.

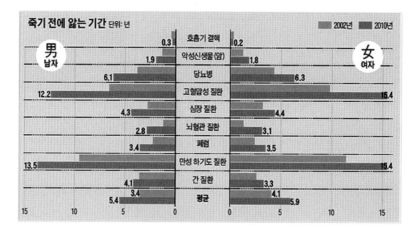

"10년 새 壽命(수명) 3년 더 늘었지만… 그중에 2년은 질병 안고 사는 기간"

"'마지막 10년' 절반을 앓다 떠난다".

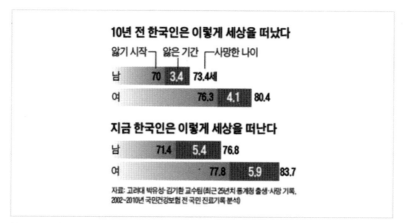

출처 : 조선일보 인터넷판 2013.11.04.
http://premium.chosun.com/site/data/html_dir/2013/11/04/2013110400172.html?relpm(위)
http://premium.chosun.com/site/data/html_dir/2013/11/04/2013110400111.html?relpm(아래)
자료 : 고려대 박유성・김기환 교수팀(최근 25년치 통계청 출생・사망 기록, 2002-2010년 국민건강보험 전 국민진료기록 분석

요구하고 있다. 또한 질병을 안고 살아가는 기간이 늘어나는 만큼 육체적인 고통의 시간, 외로움과 고독의 시간도 늘어나고, 언제 다가올지 모르는, 그렇지만 반드시 오는 죽음에 대해 생각하며 보내야 하는 기간도 늘어난다.

이렇듯 고령화 시대는 건강한 삶의 중요성뿐만 아니라 행복한 노년, 아름다운 삶의 마무리인 웰다잉(well-dying)에 대한 관심이 높아질 수밖에 없는 구조를 갖고 있다. 고령화 시대, 기대수명이 늘어난 만큼 건강수명 기간이 늘어나지 않으면서 웰빙뿐만 아니라 웰다잉도 중요한 관심사로 등장하게 되었다. 웰다잉은 '좋은 죽음', '존엄한 죽음', '준비하는 죽음'으로도 불리며, 육체적, 심리적, 사회적인 측

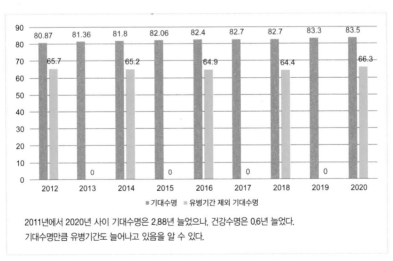

기대수명 및 건강수명 추이

2011년에서 2020년 사이 기대수명은 2.88년 늘었으나, 건강수명은 0.6년 늘었다.
기대수명만큼 유병기간도 늘어나고 있음을 알 수 있다.

출처 : e 나라지표(https://www.index.go.kr/potal/main/EachDtlPageDetail.do?idx_cd=2758

면에서 생전 건강할 때 '죽음'을 준비하는 과정을 말한다. 웰다잉은 불필요한 연명의료에 대한 담론, 어떻게 죽음을 맞이할 것인가에 대한 고민, 그리고 나의 죽음뿐만 아니라 남은 자들의 삶을 고려하는, 죽음의 문제를 성찰하는 삶의 설계이자 구체적인 실천행동이다.

2) 웰다잉 문화사업 현황

사회학자 노르베르트 엘리아스(Norbert Elias)는 『죽어가는 자의 고독』에서 풍요로운 시대에 살고 있는 현대인들은 오히려 외로운 죽음을 맞이하고 있으며, 그 장소가 병원이라고 말한다. 문명의 시대에 살고 있는 현대인들은 위생과 돌봄이라는 이름으로 노인과 죽어가는 자들을 가족과 공동체로부터 분리·격리시킨다고 말한다.

2020년 통계청 자료에 의하면, 한국인들이 사망 장소로 병원이 75.6%로 조사되었다. 한국인들은 대부분 집이 아닌 병원의 침대에서 죽음을 맞이하고 있다. 중환자실에서 무의미한 연명치료에 의존하는 환자들이 외롭고, 고독한 죽음을 맞이하는 것이 단적인 사례이다. 현대문명의 산물이라고 할 수 있는 요양병원은 필수 불가결한 측면이 있지만, 결국 죽음을 기다리는 장소이다. 오늘날 현대사회 시스템은 노인과 죽어가는 사람들을 사회로부터 분리시키고 있다. 문명의 고도화가 진행될수록 삶의 공간에서 죽음이 배척당하고 있다는 사실은 풍요롭고, 화려한 현대인들의 슬픈 뒷모습인지도 모른다. 이런 측면에서 웰다잉은 문명사회, 풍요사회에서 살고 있는 현대인들의 삶에 대한 애착을 역설적으로 보여준다. 한국 사회에서 웰다잉 담론은 실존적 존재로서의 인간의 죽음 문제에 관심이 있는 인문사회 중심의 학계로부터 시작해서 의료, 사회복지, 행정, 국가정책의 문제로까지 확대되고 있다. 예를 들어 존엄한 죽음의 문제, 무의미한 연명치료 문제에 대한 문제의식은 '사전연명의료의향서' 제도 제정으로 귀결되었다. 현대사회에서 웰다잉의 문제가 한 개인의 사적인 영역을 넘어서 국가의 공적인 의제로 채택되어야 하는 이유일 것이다.

지난 2018년, 한국에서는 최초로 생전장례식이 진행되었다. 말기 암 환자인 A씨는 다음과 같은 부고장을 보냈다. "죽은 다음 장례는 아무 의미가 없습니다. 임종 전 지인과 함께 이별 인사를 나누고 싶습니다. 검은 옷 대신 밝고 예쁜 옷을 입고 함께 춤추고 노래 부릅시다." 그리고 생전장례식에서 "아니, 왜 꼭 죽은 다음에 장사(葬事)를 지내? 한 번은 죽어야 하는 거, 너무 슬퍼하지 마시고. 이렇게 많이 와 주셔서 감사합니다"라고 말했다.

일본에서도 생전장례식이 진행되고 있다. 일본의 경우 초고령 사회가 정착된 2010년경 '종활[4]'이 성행되었으며, 여기에는 낮은 출산

---

4 종활(終活, しゅうかつ)은 인생의 마지막을 마무리하기 위해 준비하는 활동을 가리키는 일본 사회의 조어로 '슈카츠'라 읽는다. 장례 및 묘지 준비, 유언, 상속절차를 기본으로 최

율로 인해 고령자들 스스로가 장례식부터 유산 정리까지 진행해야만 하는 핵가족화, 1인 가구 증가라는 인구학적, 사회구조적 원인도 영향을 주었던 것으로 보인다. 이로 인해 생전장례식 예약, 생전 묘지 구입, 고인 유품정리 사업이 진행되었다. 일본의 종활 사업 규모는 연간 1조엔(약 10조원)대로 추산되고 있다. 이렇듯 웰다잉은 역설적으로 죽음의 문제를 통해 생전의 삶을 설계하는 과정이다.

한국의 초고령화 사회 진입은 '웰다잉 문화 조성'사업을 위한 노력으로 연결되고 있다. 전국의 지방자치단체는 '죽음 및 웰다잉 관련 조례'를 제정하고 이에 근거한 사업을 수행하고 있다. '웰다잉 문화조성에 관한 조례'는 2016년 경기도에서 최초로 제정한 이후 2019까지 총 57개 지자체가 관련 조례를 제정해 점차 늘어나고 있는 추세이다. 실례로 서울시는 2017년 1월 「서울특별시 웰다잉 문화조성에 관한 조례」를 제정하여 웰다잉 사업을 시행한 이후 2019년에 웰다잉 문화조성사업 시범운영을 시작으로 웰다잉 문화 확산을 위한 노력을 기울이고 있다. 현재 (사)웰다잉시민운동과 지자체 등이 웰다잉 문화 조성을 위한 노력을 계속 하고 있지만 아직은 시작 단계에 머무르고 있는 것이 현실이다.

2019년 9월 서울시가 진행한 설문조사(서울시 거주 만 20~79세, 남녀

근에는 보험 및 은퇴 후 자산운용 등이 포함되어 그 범위가 확대되고 있다(출처: 네이버 지식백과, 종활 편, 시사상식사전, pmg 지식엔진연구소).

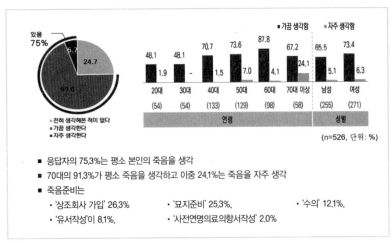

연령별 죽음을 생각하는 빈도

■ 가끔 생각함 ■ 자주 생각함

있음 75%

- 전혀 생각해본 적이 없다
- 가끔 생각한다
- 자주 생각한다

	20대 (54)	30대 (54)	40대 (133)	50대 (129)	60대 (98)	70대 이상 (58)	남성 (255)	여성 (271)
가끔 생각함	48.1	48.1	70.7	73.6	87.8	67.2	65.5	73.4
자주 생각함	1.9	-	1.5	7.0	4.1	24.1	5.1	6.3

연령 / 성별

(n=526, 단위: %)

- 응답자의 75.3%는 평소 본인의 죽음을 생각
- 70대의 91.3%가 평소 죽음을 생각하고 이중 24.1%는 죽음을 자주 생각
- 죽음준비는
  - '상조회사 가입' 26.3%   · '묘지준비' 25.3%,   · '수의' 12.1%,
  - '유서작성'이 8.1%,   · '사전연명의료의향서작성' 2.0%

* 출처 : 뉴시스, 2020.04.26. "65세 이상 서울시민 44%, 죽음대비 준비 안해…
서울시, 웰다잉 문화조성". https://www.newsis.com/view/?id=NISX20200424_0001005432

총 526명)에 의하면, 60대의 54%가 죽음에 대한 준비는 하지 않고 있는 반면, 죽음에 대한 인식은 92%로 가장 높게 나타났다. 생애주기의 장년기에서 노년기에 해당하는 60대에서 죽음에 대한 높은 인식에도 불구하고 죽음에 대한 대비를 하는 비율이 낮은 이러한 결과는, 60대는 신체적인 격변기일 뿐만 아니라 사회적으로는 퇴직을 앞두고 있거나 퇴직한 상황, 자녀들의 결혼이 진행되는 시기, 부모의 죽음을 목도하는 시기라는 생애주기적, 사회문화적, 경제적인 문제가 복잡하게 얽혀있는 시기이기 때문인 것으로 해석된다.

현재 진행되고 있는 웰다잉 문화사업과 교육 내용을 요약하면 다음과 같다.

● 웰다잉 개념 이해하기

인간과 죽음의 문제를 시작으로 한국 사회에서 웰다잉 담론이 등장하게 된 배경과 필요성에 대한 내용을 배운다. 또한 죽음의 이해, 웰다잉의 실천을 위한 구체적인 사항들을 배운다. 이러한 과정을 통해 스스로 웰다잉에 대해 고민하고 어떻게 실천할 것인가에 대한 해답을 찾는다.

●웰다잉을 위한 죽음 준비하기

임종노트(엔딩노트)와 유언장을 작성해 본다. 사전연명의료의향서의 등장 배경과 내용에 대해 배운다. 생전에 자신의 장례계획서를 작성한다. 화장할 것인가 매장할 것인가를 결정하고, 어디에 안장할 것인가, 장례방식을 종교방식으로 할 것인가 등을 사전에 결정한다. 생전에 자신의 죽음의 문제에 대해 직접 개입하고, 계획함으로써 죽음의 공포와 두려움을 극복하게 한다. 또한 죽음의 사건 이후 남은 사람들에게 슬픔과 상처를 덜 주는 방법, 심리적, 정신적 안정을 주는 방법들을 배운다.

●장례문화 바로 알기

한국인의 죽음관, 장례문화에 대해 배운다. 임종 과정에 이르렀을 때 의료적인 측면과 정신적인 측면에서 어떻게 해야 하는지에 대한 내용들을 습득한다. 또한 장례를 치르기 위한 장례 과정과 행정적인 절차에 대해 배운다. 장례는 죽은 자가 치르는 것이 아니라 남은 자들에 의해서 진행되는 것이지만 자신의 장례가 어떻게 치러질 것인가를 아는 것은 미래에 대한 두려움에서 벗어날 수 있게 해준다.

● **건강한 삶을 위한 보건 위생 알아보기**

3대 중증질환(암, 뇌혈관질환, 심장질환)과 치매 예방 및 구강관리, 노인들의 건강 유지를 위한 방법들을 배운다. 건강한 노년을 보내기 위한 필수적인 건강관리 문제 전반에 대해 배움으로써 노화에 따른 불안감을 감소시킬 수 있다.

● **죽음 간접 체험해 보기**

장수 또는 영정 사진 찍기, 수의로 갈아입고 입관 체험하기, 사진으로 자서전 만들기 등의 활동을 해본다.

죽음을 간접 체험하게 함으로써 자신의 삶에 대해 성찰하고 웰다잉의 차원에서 삶의 문제를 고민하게 해준다.

● **죽음관련 문화활동 및 시설 방문하기**

웰다잉 관련 영화, 연극, 북 콘서트 참여하기, 추모시설 및 장묘시설(묘지, 자연장) 방문 등을 실행한다. 이러한 활동을 통해 삶과 죽음의 문제에 대해 생각해 보는 기회를 제공한다.

이러한 웰다잉 문화사업은 생전에 그리고 건강할 때에 죽음의 문제에 대해 생각해 보는 기회를 제공함으로써 어떻게 사는 것이 행복한 삶인가, 어떻게 죽음을 맞이하는 것이 나와 가족을 위하는 것인가, 그리고 삶의 마지막을 어떻게 준비하고 마무리할 것인가에 대한 성찰의 시간을 제공해준다.

현대 장례와
장례문화 사업

1) 장례문화의 변천과 양상

한국의 전통적인 장례문화는 유교 방식으로 집에서 장례를 치르
고, 매장하는 방식이었다. 묘지를 좋은 곳에 설치해야 후손이 복을
받는다는 음택풍수사상은 묘지를 양지바른 산에 설치하는 문화의
배경으로 작용했다. 매장 중심의 장례문화는 조선의 유교숭배 정책
에서 비롯된 것이다. 고려시대에는 불교를 숭배해서 화장도 성행했
으며, 사찰에서 장례식을 진행하기도 했다. 또한 무속의 장례문화가
공존하여 오늘날의 씻김굿, 진혼굿과 같은 방식도 시행되었다. 조선
의 통치자들은 이러한 불교, 무속의 장례방식에 대해 불교식 장례를
오랑캐의 풍속, 무속식 장례를 음사로 규정하고 탄압하였다. 심지어

화장을 할 경우 곤장을 치게 하는 법을 제정하였다. 오늘날 우리가 알고 있는 유교식 장례방식은 조선시대를 거치면서 형성된 것이다.

유교식 장례문화는 1990년대 이전까지만 해도 한국의 대표적인 장례 형태였다. 하지만 한국의 장례문화는 1990년대 이후 급격하게 변화하기 시작했다. 1991년 화장률은 17.8%에 불과했으나, 2019년에는 88.4%로 사망자 10명 중 9명이 화장을 하고 있다. 화장률이 급격하게 높아지게 된 이유는 1990년대 시작된 화장문화 운동과 도시화와 핵가족화에 따른 묘지관리의 어려움, 환경보전, 국토의 효율적인 이용에 대한 필요성이 제기되었기 때문이다. 이러한 사회구조적인 문제는 유교문화가 강한 한국 사회에서 화장은 부모를 두 번 죽이는 것이라는 인식과 태도에 변화를 일으키는 원인으로 작용하였다. 또한 장례를 장례식장이 아닌 집에서 치른다는 것은 상상할 수도 없는 사회구조적 환경이 형성되었다. 이처럼 한국의 장례문화 변화는 화장률 증가와 장례식장 장례 진행으로 요약될 수 있다.

한국 장례문화의 변천

장례장소	집		장례식장
장법	매장	⇨	화장
	묘지		납골당(봉안당)
			자연장 - 화장한 유골을 나무(수목장), 화초(화초장), 잔디(잔디장)에 묻는 방식

2) 장례문화사업 현황

필립 아리에스는 『죽음 앞의 인간』에서 죽음의 산업화를 언급했다. 인간의 죽음과 죽은 자를 처리하는 장례식은 가족에게는 의례의 기능을 담당하지만, 누군가에게는 수익을 얻을 수 있는 산업의 대상이 되었다고 주장한다. 이러한 그의 주장은 현재 진행되고 있는 한국의 상황에도 적절해 보인다. 현대사회에서 인간의 생애주기에 따른 '통과의례'는 본래의 기능보다는 사람들에게 보여주기 위한 이벤트가 되어가고 있다. 생애주기에 따른 돌잔치, 결혼식은 오래전부터 산업화 양상을 보였으며, 장례식장과 상조회사가 등장하면서 장례식도 합류했다.

이러한 현상은 통과의례를 치르는 장소가 집이 아닌 상업화된 장소로 이동하면서 나타난다. 집이 아닌 장소에서 통과의례가 치러지면서 의례를 진행하기 위한 장소의 대여, 필요한 인력, 음식 제공은 계약에 의해 성립된다. 의례를 치르는 당사자들과 가족들은 행사 진행요원의 안내를 받으면 된다. 그리고 모든 행사가 끝남과 동시에 돈을 지불하면 의례는 종료된다. 현대사회에서 통과의례의 산업화는 당연한 것으로 받아들일 수 있다. 도시화와 핵가족화, 맞벌이 부부의 증가로 집에서 통과의례, 특히 장례를 진행한다는 것은 불가능한 일이기 때문이다. 문제는 상업화 공간에서 치러지는 통과의례는 가격에 의해 상품이 구성되며, 이러한 상품의 구매와 소비 능력이 사회적 지위를 보여주는 장치로 작용한다는 점이다. 샤넬과 롤렉스의 소유가 자신의 경제적 수준을 보여준다고 생각하는 것과 같은 양상을 취하고 있다.

죽음을 터부시하고, 금기시했던 전통사회와는 다르게 한국인들에게 죽음은 익숙한 단어가 되었다. 우리는 지상파를 통해 상조가입을 권하는 광고, 화장한 유골을 안장하는 추모시설 광고에 익숙해져 있다. 최근에는 고인의 유품을 정리해주는 직업도 등장했다.

한국 사회에서 죽음의 산업화를 극명하게 보여주는 사례는 병원 장례식장이다. 병원은 사람의 질병을 치료하기 위해 설립된 삶의 공간이다. 이러한 병원이 장례식장을 운영하여 수익을 올리고 있다. 한국 사회에서 병원은 태어나는 장소이자 죽음의 장소, 그리고 죽음

*출처 : 네이버 상조회사, 추모공원 검색

장르	드라마, 스릴러
공개일	2021년 5월 14일
분량	시즌 1 (총 10화, 505분)
제작	페이지원필름, 넘버쓰리픽쳐스[1]
채널	**NETFLIX**
제작진	제작	정재연, 김미나
	연출	김성호[2]
	각본	윤지련[3]

*출처 : 네이버 – 유품정리사 직업을 다른 드라마
〈무브 투 헤븐〉

을 처리하는 장례의 공간이 되었다. 2015년 기준 전국의 장례식장은 1,089개로 조사되었으며, 이 가운데 병원장례식장은 628개로 약 60%에 해당된다(출처: 한국장례문화진흥원, 장사정책자료실). 이러한 현실에서 웰다잉 담론은 새로운 장례문화사업을 예고하고 있다. 이전의 장례문화사업이 죽음 이후에 발생하는 장례에 집중되었다면, 이제는 생전의 죽음준비에 따른 장례계획뿐만 아니라 유언장 작성, 엔딩노트 작성, 자서전 작성 등으로 확대되고 있기 때문이다.

3) 장례문화사업 발전 방향

웰에이징의 차원에서 장례문화사업의 방향은 생전에 죽음준비를 진행해야 한다. 한국 사회는 점점 더 고령화가 심해질 것이며, 평균수명도 연장될 것이다. 무엇보다 평균수명 연장과 핵가족화의 가속화는 독거노인의 증가로 귀결될 수 있다. 보건복지부 자료 분석에 의하면, 2014년 115만 2673명이었던 독거노인은 2018년 140만5085명으로 증가했다. 독거노인은 도시보다는 농촌이 높았으며, 이로 인해 고독사도 증가하여 2013년 458명에서 2017년 65세 이상 사망자 중 무연고는 835명으로 증가했다.[5]

다음의 일본 사례는 우리나라에서도 고려해볼 만한 제도이다. 일본은 지방자치단체에서 '종활' 지원사업을 운영하고 있다. 실례로 요코스카 시는 독거노인과 무연고자의 죽음이 증가하면서 2015년부터 두 가지 종활 지원사업을 진행하였다. 첫째, '엔딩 플랜 서포트 사업'으로 독거노인 가운데 경제적인 여유가 없는 사람을 대상으로 장의 회사와 유품정리에 대한 사전 계약을 체결 알선해주는 역할을 하였다. 둘째, '종활정보 등록 전달사업'으로 역시 독거노인을 대상으로 유언장이나 엔딩노트 작성, 보관 등을 지원하는 사업이다.[6]

웰에이징 시대에 장례문화사업은 크게 두 가지로 진행되어야 한다고 본다. 첫째는 웰다잉문화 확산과 실천이다. 국립연명의료관리기관에 따르면 2021년 12월 27일 현재 사전연명의료의향서 등록 건수는 115만2475건이며, 실제 연명치료 중단은 19만1461명으로 조

5   복지타임즈, 2019.05.09. "독거노인 매년 6만명↑…무연고 사망자도 급증세". http://www.bokjitimes.com/news/articleView.html?idxno=21377.
6   복지타임즈, 2021.07.30. "종활 지원 : 인생의 마무리 준비에 분주한 노인들". http://www.bokjitimes.com/news/articleView.html?idxno=31345.

사되었다.[7] 이러한 결과는 웰다잉문화 확산 노력의 성과로 보인다. 향후 한국 사회는 웰다잉 문화 확산을 위해 지자체, 언론, 학계, 복지관, 시민단체 등이 지속적인 노력을 기울여야 한다.

둘째는 지방자치단체의 웰다잉 문화사업이 필요하다. 일본의 종활 지원사업은 좋은 사례이다. 행정당국은 독거노인, 차상위계층 등을 대상으로 죽음을 준비할 수 있는 행정적인 지원체계를 마련해야 한다. 이것은 현대국가가 추구하는 복지와 인권의 개념으로 접근해야 한다. 현대국가의 책무는 국민들을 요람에서 무덤까지 체계적으로 지원, 관리하는 것이다. 누구나 행복을 추구할 수 있도록, 그리고 존엄한 죽음을 맞이할 수 있도록 해야 한다.

웰에이징 시대 장례문화사업과 관련해서 주의해야 할 점도 있다. 엔딩노트와 유언장, 사전연명의향서, 자서전 등을 작성하는 것이 웰다잉의 마침표라고 생각하는 것을 경계해야 한다는 것이다. 웰다잉 교육 이수와 서류작성은 웰다잉 시작을 위한 도구일 뿐이며, 진정한 의미의 웰다잉은 삶과 죽음에 대한 태도 변화와 실천이어야 한다.

7   백세시대, 2021.12.31. ""사전연명의료의향서, "무의미한 연명치료 받지 않겠다" 건강할 때 미리 문서로 밝히는 것". http://www.100ssd.co.kr/news/articleView. html?idxno=83755.

웰에이징, 행복하게 나이드는 기술

1판 1쇄 발행 2022년 6월 17일
지은이 건양대학교 웰다잉 융합 연구소
펴낸이 박찬규
펴낸곳 구름서재
디자인 페이지트리
등록 제396-2009-000058호
주소 서울시 마포구 서교동 375-24 그린홈 403호
이메일 fabrice@naver.com
블로그 http://blog.naver.com/fabrice

ISBN 979-11-89213-29-9 (03330)

이 저서는 2020년 대한민국 교육부와 한국연구재단의 지원을 받아 수행된 연구임
(NRF-2020S1A5C2A04092504)